国家出版基金项目
NATIONAL PUBLICATION FOUNDATION

高校主题出版
GAOXIAO ZHUTI CHUBAN

"一带一路"系列丛书

"一带一路"国别概览

摩尔多瓦

李向阳　总主编

时映梅　王玲　编　　宿彦文　审定

大连海事大学出版社

ⓒ 时映梅　王玲　2018

图书在版编目(CIP)数据

摩尔多瓦/时映梅,王玲编. — 大连：大连海事大学
出版社,2018.9
　　("一带一路"国别概览 / 李向阳总主编)
　　国家出版基金项目
　　ISBN 978-7-5632-3702-9

　　Ⅰ.①摩… Ⅱ.①时… ②王… Ⅲ.①摩尔多瓦-概
况 Ⅳ.①K951.15

中国版本图书馆CIP数据核字(2018)第218639号

大连海事大学出版社出版

地址：大连市凌海路1号　邮编：116026　电话：0411-84728394　传真：0411-84727996
http://www.dmupress.com　E-mail:cbs@dmupress.com

大连海大印刷有限公司印装　　　　　　　　　　大连海事大学出版社发行

2018年9月第1版	2018年9月第1次印刷
幅面尺寸：155 mm × 235 mm	印数：1～3000册
印张：12.5	字数：188千

出 版 人：徐华东	项目策划：徐华东
责任编辑：魏　悦	责任校对：刘若实

装帧设计：孟　冀　解瑶瑶　张爱妮

ISBN 978-7-5632-3702-9　　　　　　　　　　　　定价：63.00元

"一带一路"国别概览

丛书编委会

▶ 主　任　李向阳

▶ 副主任　徐华东　李绍先　郑清典　李英健

▶ 委　员　李珍刚　姜振军　张淑兰
　　　　　尚宇红　黄民兴　唐志超
　　　　　滕成达　林晓阳　杨　淼

总序

　　2013年秋，国家主席习近平在哈萨克斯坦和印度尼西亚出访期间，先后提出共建"丝绸之路经济带"和"21世纪海上丝绸之路"的倡议，倡导共商、共建、共享理念，得到国际社会广泛关注和积极响应。"一带一路"倡议旨在积极发展与沿线国家的经济合作伙伴关系，共同打造政治互信、经济融合、文化包容的利益共同体、命运共同体和责任共同体。

　　"一带一路"倡议源自中国，更属于世界，它面向全球、陆海兼具、目的明确、路径清晰、参与方众、反响热烈。五年间，"一带一路"倡议从理念转化为行动，从愿景转变为现实，在顶层设计、政策沟通、设施联通、贸易畅通、资金融通、民心相通等方面都取得了显著的成果，为实现世界共同发展繁荣注入推动力量、增添不竭动力。目前，我国已与100多个国家和国际组织签署了共建"一带一路"合作文件。共建"一带一路"倡议及其核心理念被纳入联合国、二十国集团、亚太经合组织、上合组织等重要国际组织成果文件。

　　"一带一路"沿线国家地理地貌、风俗人情、经济发展、投资环境各不相同，极有必要对其进行系统的介绍和分析。此外，目前针对"一带一路"沿线国家的研究仍不够深入，缺少系统、整体的研究资料。大连海事大学出版社组织策划的"'一带一路'国别概览"丛书（首批65卷）适逢"一带一路"倡议提出五年后下一个阶段深入推进的需要之时，也填补了国内系统地介绍"一带一路"沿线国家国情的学术专著的空白，获得了国家出版基金项目资助，并入选教育部全国高校出版社主题出版选题。

　　"'一带一路'国别概览"丛书（首批65卷）联合中国社会科学院、北京大学、山东大学、宁夏大学、广西民族大学、上海对外经贸大学、黑龙江大学等多家高校及研究机构编写，并组织驻"一带一路"沿线65个国家的前大使对相关书稿进行审定。本套丛书不仅涵盖了各国地理、简史、政治、军事、文化、社会、外交、经济等方面的内容，突出了各国与丝绸之路或海上丝绸之路的历史渊源，力争为读者提供全景式的国情介绍，还从"一带一路"政策出发，引用实际案例详细阐述了中国与各国贸易情况及各国的投资环境，旨在为"一带一路"的推进提供强大的智力支持，加快科技成果转化，促进合作人才培养，帮助我国"走出去"的企业有效地防控风险，从而全方位地助推"一带一路"建设。

"'一带一路'国别概览"丛书（首批65卷）的顺利出版得益于大连海事大学出版社的精心策划和组织，也凝聚着百余位相关领域专家学者的心血，在此深表感谢。

国家主席习近平曾深情地说："'一带一路'建设承载着我们对美好生活的向往，将把每个国家、每个百姓的梦想凝结为共同愿望，让理想变为现实，让人民幸福安康。"我们也希望本套丛书可以为"一带一路"建设架起一座沟通的桥梁，推动"一带一路"倡议在沿线国家向更深远和平稳的方向发展。

"'一带一路'国别概览"丛书编委会
2018年6月

前言

　　摩尔多瓦处于乌克兰与罗马尼亚中间，是从亚洲通向欧洲陆路的通道上位于"十字路口"的国家。横向上，摩尔多瓦将俄罗斯与中东欧国家连接起来；纵向上，摩尔多瓦连接亚洲和西欧、北欧国家，是"丝绸之路经济带"经由中亚—伊朗—土耳其—俄罗斯—欧洲通道中，土耳其的伊斯坦布尔—阿塞拜疆—罗马尼亚—乌克兰—莫斯科的必经之国。它在地缘战略以及陆上交通方面十分重要，可以作为中国与欧洲之间经贸关系的通道与桥梁，也是中国与中东欧国家区域合作的对象之一。

　　"一带一路"建设为两国加强各领域务实合作提供了新平台、新契机。摩尔多瓦积极响应"一带一路"倡议并将加强基础设施建设、实现出口市场多元化和能源自给列为国家发展战略的优先方向。中国巨大的消费市场为摩尔多瓦扩大产品出口提供了广阔空间，中国积极推进"走出去"战略，鼓励本国有实力、信誉好的企业赴海外投资兴业。两国发展需求高度契合。

　　摩尔多瓦曾是苏联的一个加盟共和国，于1991年8月27日宣布独立，作为主权国家登上了世界政治舞台。但对于大多数中国读者来说，摩尔多瓦还是一个非常陌生的国家。摩尔多瓦是一个具有鲜明民族特点的国家，无论是在地理位置上，还是历史发展进程中，在欧洲，乃至世界局势中都发挥着重要的作用。本书从地理、历史、政治、军事、文化、社会、外交和经济等几个方面介绍了摩尔多瓦的国家特色。本书主要以俄文素材为主，力求优先采用最新资料。一方面是对已有相关研究著述的传承和延续，另一方面也是对以往内容的补充和开拓。

　　本书中的外交、经济等部分由时映梅负责编写，地理、简史、政治、军事、文化艺术、社会等部分由王玲负责编写。全书由时映梅统稿。

　　本书由教育部人文社会科学重点研究基地黑龙江大学俄罗斯语言文学与文化研究中心研究员姜振军组织编写,为教育部人文社会科学重点研究基地重大项目"'一带一路'框架下中俄合作机制、模式与路径研究"(项目编号:17JJDGJW004)的阶段性成果,同时被纳入教育部人文社会科学重点研究基地黑龙江大学俄罗斯语言文学与文化研究中心"俄罗斯百年文库"丛书。

　　曾在中国驻摩尔多瓦大使馆担任过参赞,后任中国驻罗马尼亚康斯坦察总领事的宿彦文先生认真阅读了书稿并提出了宝贵的修改意见,在此表示诚挚的感谢!

　　关于摩尔多瓦的中文资料非常有限,本书中难免存在疏漏谬误之处,恳请读者批评指正。

编　者
2018年6月

目录

第一章 地理

第一节 地理位置与气候

一、地理位置

摩尔多瓦共和国位于欧洲东南部多瑙河下游，巴尔干半岛的东北部，绝大部分国土介于普鲁特河和尼斯特鲁河（原名德涅斯特河）之间。东、北、南部与乌克兰接壤，西隔普鲁特河与罗马尼亚毗邻，东南部不远处遥望黑海。国境线全长1 389千米，其中摩乌边界长939千米，摩罗边界长450千米。最北点是那斯拉夫恰村（北纬48°29′，东经27°35′），最南端是玖尔玖列什蒂村（北纬45°28′，东经28°12′），也是该国在多瑙河边唯一的居民点，最西端是克里瓦村（北纬48°16′，东经26°37′），最东端是帕兰卡村（北纬46°24′，东经30°08′）。全国面积为33 843.5平方千米，约占欧洲总面积的0.3%，南北长350千米，东西宽150千米，形如倒挂的葡萄串，是欧洲小国。

二、气候特征

摩尔多瓦共和国地处俄罗斯平原与喀尔巴阡山交接地带，属于温带大陆性气候。大西洋气旋向摩尔多瓦吹来大量湿润、温暖的空气，但有时也会送来充满水气的地中海热浪，以致生成摩尔多瓦的夏季暴雨。从东南方向吹来的大量干燥气流又常常会引起干旱，而能够造成早秋或晚秋寒流的北极冷空气很少入侵摩尔多瓦。

（一）日照

摩尔多瓦日照充足，有"阳光之国"的美誉。持续日照时间北方为2 060小时，南方为2 330小时，植物生长期超过210天。

（二）温度

摩尔多瓦全年平均气温为0 ℃以上，1月平均气温为-4 ℃，7月平均气温为21 ℃。北方地区和南方地区的年平均气温明显不同：北方为7.5 ℃，南方为10 ℃。1月份平均气温北方为-5 ℃，南方为-3 ℃；7月份北方为20 ℃，南方为25 ℃。年平均最低气温通常是在12月—2月。最低气温记录是-36 ℃，2012年8月7日达到有历史记录以来的最高温度——42.4 ℃。

（三）四季特征

摩尔多瓦冬季寒冷，常常出现阴雨天气。1月份气温最低，时降大雪。雪天一般持续2~3天，最长为2~3个星期。2月份，气候开始转暖，有时又会寒流肆虐。摩尔多瓦的春天气候变化无常，有时阳光明媚，有时冷雨淅沥。3月份，摩尔多瓦常常会迎来最后一场大雪。4月份，树木挂绿。5月份，鲜花开放，空气中弥漫着醉人的芳香。摩尔多瓦的夏季气候干燥，也是摩尔多瓦的雨季。摩尔多瓦的秋季温暖，这种气候可持续到11月初。

（四）降水

摩尔多瓦大部分国土处于雨量不充沛地区，年均降水量为380~550毫米。雨量从西北向东南逐渐减少。北方地区年降水量为600~650毫米，中部地区为500~550毫米，南部平原地区为400~450毫米。摩尔多瓦的地形条件是造成这种雨量分布的主要原因。西部地区比东部地区的年均降水量多50~100毫米。科德雷地区年均降水量是500~550毫米。

干旱区有从北部向南部和东南部扩展的趋势。据档案材料记载，摩尔多瓦从1890—1996年基本上是每6~7年发生一次干旱。历史上，1923—1925年摩尔多瓦曾发生持续三年的干旱。摩尔多瓦北部地区的供水紧张。

70%的全年降水量集中在4—10月。在夏季，全国各地都有可能发生暴雨（一昼夜的降水量超过100毫米），形成水灾。水灾在摩尔多瓦是常见的自然灾害。暴雨又时常侵蚀土壤，冲刷出许多沟谷，造成水土流失。1948年6月10日和7月8日两场暴雨降水量分别达到182毫米和219毫米。这两场暴雨过后，在科德雷地区出现了7条小河，这些河流在干旱年份也不会断流。

摩尔多瓦各个年份的降水量很不均匀，有的年份可以达到年平均降水量，有的年份降水量只有平均年降水量的一半。

第二节　地势地貌

摩尔多瓦共和国境内突出的地貌特点是丘陵和谷地纵横交错。境内有丘陵、平原。摩尔多瓦平均海拔高度为147米。侵蚀地貌和坡地明显。

一、地势

地势北高南低，由西北向东南倾斜。摩尔多瓦国土的35%是河流纵横的平原及斜坡不超过2°的河边阶地。坡地（坡度在2°~6°）占国土面积的37%，20%的国土面积是陡坡和峭壁（坡度超过6°）。河滩地占国土面积的8%。

（一）高原

北部是摩尔多瓦高原，最高点海拔高度为320米，平均海拔高度为240米。中部有摩尔多瓦中部高地，也称科德雷高地，最高点海拔高度为429米，平均海拔高度为300米；丘鲁克高地，最高点海拔高度为388米，平均海拔高度为250米。境内中部的科德雷地区地势最高，全国的最高点是位于西部科德雷尼斯波列内区的巴拉涅什特山，它的海拔高度是429米。从空中鸟瞰科德雷，有无数条狭长河流在高地上鬼斧神工地组成梳状图案。这里，有4/5的地方是峭壁陡坡。在科德雷，高度落差明显。流经此地的贝克河上游的谷地仅比海平面高出50~60米，而与之仅相隔5 000~8 000米处的河岸却高出海平面近400米。这种状况造就了科德雷地区的"山国"地貌，风景十分迷人。

科德雷地区的中部是森林区，周边是辽阔的草原。在高山脊上是成片的树林和榉树林。自然林区只占总面积的10%~20%，主要是橡树-榉树林和橡树-榆树林。高地上的天然梯地十分明显。站在科德雷南坡，广袤的草原尽收眼底。草原上的河阶地覆盖着浓绿如黛的林木，森林草原的景观一览无余。该地区是摩尔多瓦民歌、诗词、小说中广泛赞誉的主题之一。科德雷地貌的另一个特点是贝克河和古累河两岸自然形成的众多天然景观，如半圆形露天剧场等，极具观赏价值和使用价值。

（二）丘陵

东部的尼斯特鲁河右岸丘陵地区最高点海拔高度为347米，平均海拔高度为250~300米。尼斯特鲁河右岸丘陵地区从索罗卡伸展至列乌特河口。

丘陵西部地区是一溜慢坡，东部的尽头是尼斯特鲁河沿岸峭壁。

东北部有从乌克兰地区延伸而来的波多尔丘陵，它宛如一条绿带环绕在尼斯特鲁河的左岸。最高点海拔高度为275米，平均海拔高度为180米。

东南部的季格丘陵与普鲁特河平行绵延，平均海拔高度为200米，最高点为301米。

南面的摩尔多瓦南部丘陵平均海拔高度为150~200米，最高点为250米。

（三）平原

摩尔多瓦高原以南是辽阔的摩尔多瓦北部平原，平均海拔高度不超过200米。平原四周是连绵不绝的山冈，其海拔高度一般在250米。

科德雷高地以南是摩尔多瓦南部平原。

摩尔多瓦的东南部是多瑙河下游平原，平均海拔高度为100米，最高点为170米。

二、土壤

摩尔多瓦境内不同的自然条件孕育了不同的地表性状。土壤类型达745种之多，其中75%是肥沃的黑钙土，10%是褐色和灰色的森林土，7%是冲积土，8%被居民区、水域或其他物体覆盖。

（一）黑钙土

摩尔多瓦境内的黑钙土是世界三大黑钙土带之一，品质复杂，其中最肥沃的是典型黑钙土和脱碱黑钙土，主要分布在北部地区，富含腐殖成分，有利于早熟农作物高产。

普通黑钙土和碳酸盐黑钙土主要分布在低谷平地和河谷，尤其是南部平原地带，较为肥沃，适合种植谷物、向日葵、烟草和葡萄。

黏土干燥后形成盐碱地和碱性黑钙土，需改造后方可利用。

（二）森林土

森林土主要分布在海拔200米以上的森林草原带，是阔叶林地的典型土壤，腐殖质成分含量不高。森林土一般分为灰色土、黑灰色土和褐色土。

灰色土和黑灰色土分布相对较广，主要在北方和中部的高地，适合种植甜菜、谷物、果树和葡萄，需要添加有机肥和矿物质作为补充。

褐色土只有在科德雷山区才可以见到，分布在海拔300米以上的湿润地带。它是山毛榉树林地长期作用形成的，适于结果作物、豆类和香味烟草的生长。

（三）冲积土

冲积土主要分布在河流的冲积带，土质肥沃，富含腐殖质成分和有机物，适合种植蔬菜、饲草和结果作物。部分冲积土盐碱度高，需要加以改造后方可利用。

第三节　地质与水文

一、地质

摩尔多瓦共和国3/4的国土位于罗斯陆台，并以此为基础形成晶体岩层。

在尼斯特鲁河沿岸，从索罗卡向北地区都可以开采到许多古老的岩石，如花岗岩、辉长岩、苏长岩，也可以开采到含沙黏土。在西南地区，这些矿石深藏在海洋生物沉积层下面2 000米处。在基希讷乌附近，这些矿藏的厚度达到1 000~1 500米。在南部城市科托夫斯克，岩层厚度达2 000米。

摩尔多瓦南方属于另一类地质结构。它的主要物质是古生代和中生代形成的褶皱岩层。岩层板块的对接处是侏罗纪盆地。在这些岩层的上面覆盖着新生的沉积岩-石灰岩、黏土、黏土质的页岩、沙土、砂石、硅藻土。在摩尔多瓦最南部地区还存在着另一种地质结构——块状结晶蕴藏带。摩尔多瓦厚层沉积岩的蕴藏量不大。

摩尔多瓦地质构造复杂，大面积的地质结构被分割成许多单元。一些区域的地形隆起，另一些区域的地形下陷。位于罗马尼亚境内的喀尔巴阡山南部发生过强烈的地壳运动，是地震多发区。摩尔多瓦境内大部分地区有可能发生7级地震，东南部地区则有发生8级地震的危险。

摩尔多瓦首都基希讷乌和其他城市的建筑均采用可抵御震中为6~7级以上地震的抗震材料建设。

❖ 二、水系

摩尔多瓦境内水域面积为62.2平方千米，水量超过2亿立方米，此外，还有近250平方千米的人工水域，储水量为月8亿立方米。全部水域面积仅占国土总面积的1%。

(一) 河流

摩尔多瓦的水系归属于黑海水域，由于地势的影响，所有的河流都是西北—东南流向。虽然小支流的流向比较自由，但几乎没有向西、向北流的。

摩尔多瓦境内河流众多，大小河流，包括季节性河流，共有3 085条，但大多短小，其中只有240条长度超过10千米，仅有8条长度超过100千米。除了尼斯特鲁河和普鲁特河源于喀尔巴阡山脉以外，摩尔多瓦的其他河流都源于地表径流汇聚。南方地区年平均径流量是20~30毫米，中部是40~50毫米，北方是60~70毫米。水量季节性强，矿物质含量高。

主要大河有：尼斯特鲁河全长1 352千米，摩国境内657千米；普鲁特河全长976千米，摩国境内695千米；莱芜特河全长286千米；古累河全长243千米，摩国境内125千米；贝克河全长155千米；波特那河全长152千米。

1. 尼斯特鲁河

尼斯特鲁河是摩尔多瓦最大的河流。古代丝绸之路经由该河沿岸从乌克兰利沃夫前往克里米亚地区和土耳其。河两岸至今还屹立着当年雄伟的要塞建筑。

尼斯特鲁河源于喀尔巴阡山脉罗兹鲁奇山西北坡的泉水，海拔高度为759米，年平均径流量为10立方千米。春天，一般3月末的雪融水和夏季的大雨会造成河水汛期。这是所有西北地区河流的特点。河流最低水位期是9月和冬季。结冰期为3个月，从12月到第二年的2月末、3月初。冰层厚度为15~25厘米。

整条河流时而在狭窄的山谷奔腾，时而在宽阔的平原流淌。在蒂拉斯波尔和蒂吉纳地区河宽达到12~20千米。河岸陡峭，石崖林立。4月，两岸苹果树白色的花朵绵延不尽，如诗如画。尼斯特鲁河水质优良，无杂味，含微量矿物质，适于饮用。

摩尔多瓦境内水域适于航行，旅游观光资源丰富。下游与库秋尔甘蓄水库连为一体，建有摩尔多瓦国家发电站。

2. 普鲁特河

摩尔多瓦第二大河普鲁特河与尼斯特鲁河类似，同样发源于喀尔巴阡山脉。1964—1965年，苏联和罗马尼亚联合考察该河，得出结论：这是中欧地区最干净的河流。该河适于灌溉，仅部分河段适于航运。作为多瑙河支流，普鲁特河下游地区受其影响形成沼泽地带。湖泊处处风景优美，鱼类丰富，水鸟繁多。

3. 莱芜特河

莱芜特河是摩尔多瓦最大的内陆河。源头在北摩尔多瓦高原，注入尼斯特鲁。河流主干形成"九曲八弯"之势，是摩尔多瓦地区河流独有的特点，因此风光更加优美。

（二）湖泊

摩尔多瓦境内有57个天然湖泊，水域总面积达到62.2平方千米，其中面积超过1平方千米的湖有别列坞（6.62平方千米），喷泉湖（1.16平方千米），贝克湖（3.72平方千米），等等。湖泊主要集中在尼斯特鲁河与普鲁特河流域。

此外，摩尔多瓦有 1 600 个人工湖，其中 53 个水库，水域总面积达 160 平方千米，水量 1.8 立方千米，其中储水量超过 4 000 万立方米的有 5 个。

最大的水库是杜伯萨里水电站的蓄水库，建于 1951—1955 年，全长 128 千米，平均宽 528 米，平均深度 7.2 米，最深处 19 米。

这些人工湖泊，尤其是城市公园内部的湖泊往往风景优美，成为深受居民欢迎的休闲场所。最有名的是首都基希讷乌玫瑰谷公园的湖泊。

大多数人工湖是 20 世纪五六十年代修建的。今天看来，绝大部分年久失修，甚至已经荒废了。

❀ 三、地下水

摩尔多瓦境内存在大约 2 200 处地下水源，其中已探明 200 余处。

第四节　自然资源

从总体水平上讲，摩尔多瓦共和国自然资源贫乏。

❀ 一、矿物资源

全国境内蕴藏着丰富的非金属富矿，并已探明 330 多个非金属富矿。它们是：2 个石膏矿、3 个制玻璃用的沙土矿、51 个石灰岩矿、6 个沙土矿、6 个硅藻土矿、69 个毛石采石场、84 个沙和砾石混合矿、108 个砖瓦原料矿、8 个陶土矿等。21 世纪初，摩尔多瓦只开采了 94 个矿区。

摩尔多瓦的宝贵矿物资源是硅藻土。摩尔多瓦还盛产高品质的黏土，有绿色、黄色和红褐色。它是制砖、制陶和瓷器不可缺少的原料。

传统观念一直认为摩尔多瓦境内没有石油和天然气，摩尔多瓦地质学家一直在寻找石油。1957 年，在乌尔格内什蒂开发出一座喷油油井，虽然开采量还不足以形成工业规模，但其品质极好，含有珍贵的轻油。

同时，在乌尔格内什蒂附近还找到了天然气和褐煤矿，另外在法列什和温格内也发现了天然气。在温格内已开采多年天然气，用于工业和人民的生活。

现已探明，摩尔多瓦境内有石油（约100万吨储量）和天然气（约80亿立方米）。

摩尔多瓦的地下资源还没有真正探明，地质学家已在北部发现了铁矿、萤石、晶石、石墨矿床的征兆，尤其是在南方不同时期的地质构造层中发现了金矿、银矿特征，在500米深的地下则发现了铜矿、锌矿、铝矿和蕴藏石油的特征。摩尔多瓦的另一些地质构造完全符合生成钻石的条件。

摩尔多瓦是苏联时期地质研究最不充分的一个加盟共和国。苏联工业高速发展时期，摩尔多瓦年矿产开采量达4 000万吨，地下水使用量超过3亿立方米。目前，只开采作为建筑材料的石材、石膏、砂土和水泥。98%的工业原料依靠进口。

🏵 二、水资源

摩尔多瓦共和国有10亿立方米的地下水资源，60%已被开采用于日常用水消费。在独联体国家中摩尔多瓦是贫水国家。全国年需水量为250万立方千米，而已探明的可利用水量每年只有150万立方千米。摩尔多瓦平均每人每天用水为100升，而联合国规定的标准为每人每天1 000升。

21世纪初，摩尔多瓦已探明的地下水源有221处，另外还有26个矿泉水水源。境内探明的矿泉水源富含硫、碘、溴、硼、氡等化学元素，具有极高的医疗保健效果，可媲美捷克、格鲁吉亚、俄罗斯等国的世界知名矿泉水。

就探明的水源水质来讲，其中1/3可以直接饮用，1/5必须经过净化处理后方可民用。

🏵 三、植物资源

由于特殊的地理位置和气候条件，摩尔多瓦境内的野生植物类型和品种异常丰富，既可以看到野樱桃、核桃、山毛榉这样典型的地中海植物，也可以看到羊茅草、草原樱桃、乌荆子这样的大陆性植物。

据最新统计数据显示，共计101个目550个属的1 540种野生植物，其中17%为亚地中海植物。

摩尔多瓦共和国的森林覆盖率为9%。摩尔多瓦所拥有的植物属于古北区种类，世界级珍稀植物占全国植物总数的17%，国家级保护植物有26种。摩尔多瓦境内半数以上的野生植物有经济利用价值，约130种可以药用。另外，还有许多蜜源植物，具有观赏和装饰价值的植物也为数不少。目前，摩尔多瓦已设立16处国家级植物园。其中，规模最大的是始建于1901年的彩坞里植物园，位于摩尔多瓦北方，占地50公顷，集中150余种具经济、观赏价值的植物。

根据植被分布情况，全国可分为3个自然带，北部高原的森林草原带（43.3%）、中部丘陵的森林带（14.5%）、南部的草原带（42.2%）。

（一）森林草原带

北摩尔多瓦高原的森林草原面积不足全国草原总面积的1/10，其中的1/3为原始森林草原。主要草原是伯尔齐草原，其主要树种有橡树，其中夹杂其他树种和灌木：樱桃、卫矛、绣球、红瑞木、乌荆子，等等。草原植被茂密，生长着窄叶禾、鸭茅、溚草、棱狐茅以及北方特有的蓬子菜、白委陵菜、毛状叶肺草等。这一带有摩尔多瓦境内的唯一一处桦树林。

科德雷地区以南的森林草原带有自己独特的风貌。草原（大部分已经是耕地）与灌木丛林相间分布。灌木以地中海植物为主，有绒毛橡树、黄栌、鹅耳枥、大叶梨。这里的树林较为稀疏，透光好，草被植物生长旺盛，以地中海类-巴尔干型植物为主，可见矢车菊。春天的花香、秋天的彩叶成为这一地带不可忽略的美景。

（二）森林带

森林带约占国土面积的14%，绝大多数是喜温暖的典型中欧阔叶林。

面积最大的森林区位于国家中部的科德雷地区，这里的森林覆盖率达到45%。中心地带是橡树-鹅耳枥树林，偶尔有山毛榉树。山毛榉树以前很常见，现在只有深山里才能看到它们的身影。最老的树木约有250年的历史，高25米。最高的一棵山毛榉树达到29米，是国家保护树木。

科德雷地区的边缘地带森林中近2/3的树种是橡树，另外还有白蜡树、枥树、榉树、椴树等以及一些欧洲少见的树种。科德雷森林保护区是全国最大的，占地12 300公顷，包括各种混合林带类型：纯橡树林，橡树、椴树、榆树林，橡树、白蜡树、榉树林等。

这里的灰土带特别适合橡树的生长，不时会看到250~300年高龄的古木，达到35米，直径1~1.5米。森林里常春藤不是缠绕在树干上，而是像地毯一样铺满地表。

森林可有效地防止水土流失，并起到保护水源、清洁空气的作用，对保护摩尔多瓦的土壤和水系具有十分重要的意义。

（三）草原带

摩尔多瓦南部地区，在普鲁特河与尼斯特鲁河之间是辽阔的草原带。典型温带草原植被少见，绝大部分是耐旱的须芒草。布扎克草原总面积达3 210平方千米。

本地特有的河流冲积带植被生长茂盛，沼泽植物多见。地势高的区域形成高杆橡树林。普鲁特河冲积带的橡树林是摩尔多瓦最古老的。这里有全国最高的橡树，高度为35米，树干根部树围为9米。还有一棵24米高的老黑杨树，树干1.3米处的直径达270厘米。

四、动物资源

摩尔多瓦共和国气候和植被的多样性为动物提供了良好的生存环境。古时候，这一带地区野生动物数量众多。但随着人类农耕活动的发展，草原受到破坏，动物的种类迅速减少，有的甚至灭绝。目前，境内总计约有400种脊椎动物，4 600种无脊椎动物。

（一）脊椎动物

1.哺乳动物
摩尔多瓦境内哺乳动物有70种。

体型最大的哺乳动物是野猪，主要分布在科德雷地区和普鲁特河谷。数量最多的是狍子，超过万头。这得益于1945年采取的严禁猎狍的规定。狍子最喜欢的栖息地是科德雷地区以及尼斯特鲁河、普鲁特河流域的树林。其中杜伯萨里森林的数量最多，1 800公顷的地域生活着300只狍子。

20世纪上半叶摩尔多瓦的鹿已经灭绝。1954—1961年从乌克兰引入的马鹿迅速繁殖，今天已经随处可见。后来又从滨海边疆区引入扁角鹿和梅花鹿。

常见的肉食动物有狼、獾、石貂、林貂、银鼠、白鼬、艾虎等，它们生活在树林里，数量不多，不是狩猎的目标。狐狸的生活环境相对自由，数量多，成为狩猎的主要资源，每年贡献千张毛皮。

啮齿类动物数量多，常见的有：松鼠、原仓鼠、田鼠、睡鼠、鼹鼠等。兔子是最常见的狩猎资源，每年出产3万~7万张兔皮。1947年，从外引入经济价值极高的麝鼠，现在每年出产15 000~16 000张毛皮。

2. 禽类

摩尔多瓦的候鸟和定居鸟总计有257种，其中75种生活在森林中，如云雀、乌鸫、猫头鹰等。草原地区生活着鹌鹑、灰山鹑、草原鹰、大鸨。在普鲁特河和尼斯特鲁河地带栖息着80多种候鸟，如灰鹅、野鸭、骨顶鸡、潜鸭等。

3. 鱼类

摩尔多瓦的水中有80多种鱼，允许捕捞的有20多种，如鳊鱼、梭鱼、鲫鱼等。

此外，脊椎动物还包括12种两栖动物，4种蜥蜴，9种蛇，1种龟。

（二）无脊椎动物

摩尔多瓦境内有3 000多种昆虫，其中500种是益虫，200种有害于农作物。小蠹蛾、棕尾毒蛾等均对庭院作物构成极大的威胁。

✿ 五、环境资源保护

摩尔多瓦独立以后，政府出台了环境资源保护法。实际上，早在1971年，政府就建立了面积为0.27万公顷的科德雷自然保护区。现在全国共有5处自然保护区，面积约19 400公顷。

21世纪初，被列入国家级的珍稀动植物有29种，重点保护对象有500多种，其中包括6处自然风景区、17处地质构造化石、上百年的古树、泉水、化石、具有科研意义的洞窟等。

摩尔多瓦积极加入各种政府以及非政府环境保护组织和公约，如《生物多样性公约》《控制危险废物越境公约》《濒危野生动植物物种国际贸易公约》《生物安全议定书》《卡特赫纳生物安全议定书》《联合国气候变化框架公约》《联合国防治荒漠化公约》《关于特别是作为水禽栖息地的国际重要湿地公约》《多瑙河合理开发保护合作公约》以及与保护臭氧层有关的国际环保公约。

第五节 行政区划

2003年6月，摩尔多瓦实行新行政区划，全国共分32个区、3个直辖市（基希讷乌、伯尔齐、蒂吉纳）及2个地方行政区（加告兹自治行政区、尼斯特鲁河沿岸行政区）。除首都基希讷乌市外，全国共有64个大小城市、658个乡、1 500个村。城区人口10万人以上的城市有4个，其中首都基希讷乌超过80万人，伯尔齐、蒂吉纳、蒂拉斯波尔城市人口在10—20万。

一、主要城市

（一）基希讷乌

基希讷乌是全国最大的城市，总面积571.64平方千米，其中市区面积120平方千米，包括市区5个区、6个地级市和28个村。2016年常住居民为814 147人。

基希讷乌位于摩尔多瓦中部，尼斯特鲁河支流贝克河畔，是欧洲公认的绿色城市之一。

基希讷乌已有500多年的历史，其地名的含义是"源头"，表示这里是摩尔多瓦民族的发源地。早在1466年，摩尔多瓦斯特凡大公三世在对大贵族的封赏令中就曾提到基希讷乌，这时基希讷乌还只是一个村落。在封赏令中，大公确认了大贵族弗拉依库尔对基希讷乌的所有权。在很长一段时间里，基希讷乌是大贵族的世袭领地，它远离贸易通道，城市发展缓慢。从1641年开始，基希讷乌由修道院管辖。17世纪下半叶，基希讷乌初具城市规模。1757年，宗教界在离贝克河不远的山坡上建起玛扎尔基辅修道院，形成基希讷乌的政治中心。在19世纪初，基希讷乌曾有一个由40个泉眼组成的喷泉，清凉甘甜的泉水孕育这座城市发展壮大。1812年，比萨拉比亚并入俄罗斯以后，基希讷乌成为摩尔多瓦的经济中心。历史上，基希讷乌曾三次（1690年、1773年、1788年）被鞑靼人和土耳其人烧毁，第二次世界大战期间又遭到法西斯的破坏。但是基希讷乌始终没有灭亡，它像凤凰涅槃一样再生。1991年8月27日，摩尔多瓦独立，基希讷乌成为摩尔多瓦的首都。

基希讷乌在第二次世界大战期间损毁严重，市内主要古建筑中仅有大教堂和建于1840年的凯旋门尚保持原貌。战后新建了一些现代化大厦。许多建筑物是用洁白的石料砌成的，风格新颖，造型各异，在梧桐树和板栗树的衬托下显得格外雅致。广场、街心花园矗立着不少名人的塑像，其中最著名的就是曾被流放于此的俄国大诗人普希金。

在基希讷乌，新建的高层楼房随处可见，建筑造型各具特色，装饰材料五彩缤纷。议会大厦、文化音乐厅、形状各异的居民住宅楼，无处不令人驻足观望，流连忘返。一些老建筑物，如火车站、市政府大楼、圣诞教堂和凯旋门等亦保存得非常完好。市区街道平坦整洁，空气清新湿润，城市环境宁静优美。河边和街道两旁长着茂密的树木，整座城市掩映在绿荫之中，即使是在骄阳似火的夏日，行人也绝不会感到烈日的烤晒。市区树木种类极多，杨、柳、松、柏、槐成行成片，板栗、核桃、杏、樱桃等果树随处可见。全市看不见裸露的土地，看见的只是草坪和玫瑰花。

基希讷乌是全国的文化中心。19世纪20年代，流亡中的普希金曾居住在摩尔多瓦基希讷乌，继续他的文学创作，并和十二月革命党人保持着密切的联系。列夫·托尔斯泰、弗·马雅可夫斯基、弗·科罗连科、费·沙利亚平、谢·拉赫玛尼诺夫等文化名人曾在不同时期访问过基希讷乌。

摩尔多瓦科学院及下设的近50家研究所、摩尔多瓦电影制片厂、葡萄酒和园艺研究院、土壤和土壤化学研究院均设于此地。另外，全国高等院校也主要集中在这里。基希讷乌市民热爱戏剧和音乐。该市的歌剧和芭蕾舞剧院、普希金音乐和话剧院、契诃夫话剧院、管风琴音乐厅、少年儿童剧院、国家音乐厅等地的演出每场座无虚席。现在，市区保留有许多名人故居和名人纪念馆，其中有为纪念国内战争时期杰出的将领格·伊·科托夫斯基和谢·拉佐及列宁墓的建筑设计师阿·休谢夫建立的纪念馆。首都的艺术博物馆内收藏了大量新老艺术家们的油画作品。普希金曾在基希讷乌住过3年的小屋（普希金在这里创作了上百首诗歌，著名的《叶甫盖尼·奥涅金》也是在基希讷乌开始创作的）已被政府列入永久保护项目名单。

基希讷乌是摩尔多瓦的工业中心，生产量具、机床、拖拉机、水泵、电冰箱、洗衣机和绝缘线等，有酿酒、磨粉和烟草加工工业，有服装和制鞋厂。摩大部分重要的文教和科研机构集中在该市。此外，全市还有多家剧院、博物馆、音乐厅、图书馆等文化娱乐场所。

主要名胜有：市中心大教堂、凯旋门、第二次世界大战烈士纪念碑、斯特凡大公公园、蓝教堂和城市之门等。

首都市区的主要交通工具是公共汽车、无轨电车和出租车。汽车总站设在市中心，紧挨着中心农贸市场，每天近2.5万名乘客出入汽车总站，这里有74条国际线路、119条城际线路、67条郊区线路和109条货运线路。乘坐一次公共交通工具花钱不多。出租车较多，随处可以招手搭乘。全市有两座火车站，一座设在市中心，紧靠中心农贸市场，每天客流量2.5万人；另一座火车站建在市区南郊，每天客流量为0.5万人。火车站为方便旅客建有综合服务设施，如餐厅、商店、通信中心。每天的营业时间为9—24时。首都的航线于1947年开通，已开辟70条航线，可以直达世界上的70座大城市。1974年，在摩尔达维亚苏维埃社会主义共和国成立50周年之际，基希讷乌设施完备的现代化机场投入运营，机场附近建有机场宾馆。

（二）伯尔齐

伯尔齐是摩尔多瓦共和国第二大城市，坐落在摩尔多瓦北部地区的伯尔齐草原，位于列乌才尔河与列乌特河的交汇处，距基希讷乌105千米。城市总面积78.01平方千米，市区面积43平方千米。城市人口150 739人。

该市是摩尔多瓦北方的经济文化中心，2003年成为摩尔多瓦共和国直辖市，有"北方首都"之称。该市也是全国最北部的重要铁路交通枢纽。

伯尔齐在历史上曾是摩尔多瓦大公"勇敢者"亚历山大的妻子琳卡拉的领地。在15世纪（蒙古人入侵）和18世纪（普鲁特河战役）伯尔齐两次被烧毁，后成为比萨拉比亚地区的牲畜贸易中心。俄国沙皇亚历山大一世时期伯尔齐升级为市，苏联时期成为重要工业中心。

伯尔齐现为摩尔多瓦重要的工业城市。2010年设立伯尔齐经济自由区。市内有4个工业区，40家大型企业。食品、轻工、电子、农业机械、建材等产业发达，年总产值44亿列伊（2015年）。该市的食品加工业闻名全国。这里有全国最大的肉类加工企业、食用油加工厂、糖厂、葡萄酒厂和奶制品厂。轻工业中的知名产品有裘皮、针织品和成衣。农业机械制造业、电器行业是该市的新兴产业。

伯尔齐市内设有育种、种子和田间作物管理技术科学研究所，师范学校，32所全日制中学，医学院和音乐学校。全市最大的图书馆图书藏量超过百万册。城市文化设施众多，有步行街文化休闲区。四条河流流经市区，河湖交错，自然风景优美。现在，伯尔齐市已步入服务设施齐全、交通发达、环境优雅的现代化城市行列。

（三）索罗卡

索罗卡位于尼斯特鲁河右岸河畔，是摩尔多瓦东北部一座风景秀丽的古老城市。据史料记载，1499年，斯特凡大公开始在这里建要塞。以后，要塞逐渐发展成一座城市。在彼得鲁·拉列沙执政时期，索罗卡已经发展成为一个行政商业中心。从17世纪开始，索罗卡已不再具有军事防御意义。现在，这里仍然保留着原有的城市风貌，当年所建的要塞至今仍完好如初，是著名的中世纪筑城艺术样板。城市附近有风景绮丽的石灰岩和泥灰岩峡谷——贝基洛夫雅尔，建在峡谷中的古老洞穴修道院，是参观游览的著名景点之一。夏季是索罗卡最美丽的季节，在宽阔的尼斯特鲁河河边和掩映在绿树花丛中的街道上散步十分惬意。老百姓称此地是"摩尔多瓦的瑞士"。每年都有大批的游客到此度假、避暑，在市中心和尼斯特鲁河岸边建有设备良好的度假胜地。

第二次世界大战结束以后，索罗卡成为摩尔多瓦重要的工业和文化中心。这里先后建起冶金厂、汽车配件厂、面包厂、奶制品厂。索罗卡的师范中专、文化中专、贸易学校、农机和电器中专、电影器材中专等为国民经济的各个部门源源不断地输送所需专业技术人才。

二、加告兹自治行政区

　　加告兹自治行政区位于摩尔多瓦共和国南部，人口约155 700人。民族构成：加告兹族82%，摩尔多瓦族7.8%，保加利亚族4.8%，俄罗斯族2.4%，乌克兰族2.3%。

　　官方语言是摩尔多瓦语、加告兹语、俄语。

　　加告兹自治行政区是传统的农业区，占生产总值的70%。适于农业生产的土地15万公顷，其中适于耕种的10万公顷，适于种植果树和葡萄的2.6万公顷。

　　加告兹自治行政区首府科姆拉特位于布德扎草原中部，坐落在亚尔布克河边，基希讷乌西南方向75千米处。它是自治区最重要的交通枢纽，政治、经济、文化和科学中心。经济以食品加工和轻工制造为主，葡萄酒酿造业发达，摩尔多瓦民族特色毛毯出名。该地区还拟建立工业园区。

　　加告兹自治行政区与土耳其、俄罗斯、乌克兰等国的多个城市均建立了友好关系。

三、尼斯特鲁河沿岸行政区

　　尼斯特鲁河东侧地区与乌克兰相邻，面积为4 163平方千米，人口约63万，其中摩尔多瓦族占40%，乌克兰族占28%，俄罗斯族占25%。这一地区在摩尔多瓦国民经济中占有十分重要的地位。它生产的日用消费品、水果蔬菜和工业产值分别占全国同类产品产值的56%、34%、33%，其境内的一座大型电站所发的电能满足右岸电力需求的90%。

　　蒂拉斯波尔是该地区的中心城市，也是这一地区最大的城市。城市面积为5 556公顷，城市人口约133 800人（2014年），其中俄罗斯族占41.6%，乌克兰族占33%，摩尔多瓦族占15%，其他民族（主要是加告兹族、保加利亚族、白俄罗斯族和犹太族）占10.2%。90.4%的市民拥有"沿岸共和国"国籍，其中一部分人拥有双重国籍：16.2%有摩尔多瓦国籍，16.1%有俄罗斯国籍，12.4%有乌克兰国籍。

　　蒂拉斯波尔最初是由沙俄名将苏沃洛夫于1792年下令修建的军事要塞，1795年获得城市地位，是该地区重要的政治、经济和文化中心，集中全部地区政权机关、中高级教学机构。市中心保留了古代的城堡和建筑，有5家博物馆、剧院、俱乐部和文化中心。

　　城市经济基础是工业，轻工、食品、电子机械制造业发达，罐头食品为主，葡萄酒和白兰地酒以优质著称。建于1964年的摩尔达维亚水电站为工业发展提供能源。因国家地位问题蒂拉斯波尔无法独立发展对外贸易，在一定程度上阻碍了工业发展。

　　该地区的蒂吉纳是摩尔多瓦的直辖市，城市人口（包括下属乡村）98 726人（2014年）。

　　"蒂吉纳"是摩尔多瓦语。1538年土耳其苏丹大军攻占摩尔多瓦公国，扶植当地傀儡政权，强占蒂吉纳及其所辖18个村落，并更名为"本德尔"，意为"坚固的港湾"。后来随着政权更迭在历史上曾几易其名。现在正式名称为蒂吉纳。

　　苏联时期，蒂吉纳改建和新建了一批工业企业。全市有39个工业企业，服装厂生产的成衣销往全苏各地，皮鞋厂生产的皮鞋产量占全苏产量的50%，其他工业企业有电器厂、电陶瓷厂、汽车厂、拖拉机和船舶修理厂、天然丝绸联合企业等。现在，蒂吉纳是摩尔多瓦的轻工、食品工业和电子技术工业的中心，也是摩尔多瓦南方重要的铁路枢纽和河运港口。蒂吉纳丝绸联合企业生产的丝绸、罐头厂生产的水果罐头、服装厂生产的女装等产品都深受消费者喜爱。蒂吉纳有一处摩尔多瓦全国历史最悠久的地方志博物馆，馆内藏有许多价值很高的文物和历史资料。

　　该市是本地区大型铁路枢纽，尼斯特鲁河上的重要港口。工业以造船业为代表。

第六节　自然经济区

　　自然资源和地理条件的差异对农业专业化生产、工业企业的分布产生了重大的影响，由此造成了摩尔多瓦的区域经济差异。摩尔多瓦全国大致可以划分为四个自然经济区：中部经济区、北部经济区、南部经济区和东南部经济区。

一、中部经济区

摩尔多瓦中部经济工业区包括科德雷森林区，面积占全国面积的28%。该区拥有众多的工业部门，农业生产亦发达，首都基希讷乌在该地区的经济生活中起主导作用。

科德雷地区地质构造复杂，沟壑交错，地貌景观多样，是摩尔多瓦境内的旅游胜地。这里坐落着闻名全国的普希金博物馆。虽然科德雷地区的面积不足全国面积的15%，但这里的果园面积占全国果园面积的40%，葡萄园面积占全国的30%，烟草产量占全国产量的1/3。这里集中了摩尔多瓦65%的葡萄酒生产加工企业和55%的水果蔬菜加工企业。

尼斯波列内地区的黑李子是特色果品，该地区是李子生产基地。

中部经济区的农作物种植业出产冬小麦、玉米、向日葵。畜牧业发达，该地区饲养的牛、羊、猪、禽类存栏总数可观，出产大量肉奶禽蛋。

二、北部经济区

北部经济区的耕种面积和果蔬种植面积分别占全国同类耕种面积的43%和42%。在黑土平原地区主要种植小麦、大豆、烟草、香精油植物、土豆、向日葵、甜菜，果园里出产上等的苹果和梨。该地区的甜菜、向日葵、玉米产量占全国产量的首位。

该地区比较发达的产业有食品工业、粮食加工工业、产肉的养殖业、奶制品加工、畜牧业和园林种植。植物油、烟草、奶制品、肉和香肠制品产量大。汽车制造业、金属加工业、木材加工业具有一定规模，出产水泥、粗石和碎石、陶粒等建筑材料，针织内衣、皮帽、皮鞋等轻工产品闻名。

三、南部经济区

南部经济区的特点是农业经济和发展中的工业经济并存。南部地区盛产葡萄、小麦、玉米、向日葵。油料作物加工业发达。畜牧业产值在南部经济区农业产值比重大。南方经济区主要依靠食品加工工业

来拉动本地区的经济发展。在食品加工工业中，小麦加工工业占主导
地位，而葡萄酒工业的产值处于首位。

四、东南部经济区

摩尔多瓦东南部经济区指尼斯特鲁河下游的草原平原。该地区工
业发达，蔬菜、水果栽培和肉、奶加工及畜牧业亦有良好的基础。

东南部经济区主要农作物是玉米和冬小麦，经济作物是向日葵和
烟草。该地区是最主要的蔬菜、水果产区。该地区生产的畜牧产品规
模大，大型牲畜主要是奶牛的存栏数可观。该地区的其他工业部门主
要有机器制造业、玻璃工业和冶金加工工业，轻工产品、家具和木材
加工出名。罐头食品和电能产量在全国独占鳌头。

摩尔多瓦首都基希讷乌市中心，民族英雄斯特凡大公塑像，对面是凯旋门

（本图片由宿彦文提供）

第二章　简史

　　摩尔多瓦共和国是位于欧洲东南部的一个内陆国家。西邻罗马尼亚，东接乌克兰。这个命运多舛的小国，在欧洲乃至世界的历史进程中扮演了重要的角色。这片古老的土地历来是兵家必争之地，摩尔多瓦人民见证了众多民族的兴起与融合，目睹了无数大国的强盛与衰败，最终以其坚韧隐忍的民族精神获得国家的独立，跻身于世界民族之林。

第一节　达契亚王国时期

　　摩尔多瓦共和国的人类历史痕迹可以追溯到旧石器时代。考古发现在其境内存在旧石器时代早、中、晚期村落遗迹，中石器时代和新石器时代的村落遗迹。约5 000年前，在普鲁特河和尼斯特鲁河流域的人们已经会制作陶器，属于库库金-特里波利文化类型[①]。居民点已具备早期城市的雏形，有城墙、护城沟，用茅草、泥巴构筑四角形房屋。人们从事农耕和畜牧生产。公元前3000—前2000年，北喀尔巴阡山脉和尼斯特鲁河上游的森林草原地带活跃着色雷斯人。色雷斯人建立了繁多的国家组织，具有较发达的物质文明和精神文明。

　　[①]　欧洲早期文明之一，以罗马尼亚境内的库库金村和乌克兰境内的特里波利村命名。

一、达契亚古国的建立

公元前4世纪，在喀尔巴阡山脉和黑海之间存在着数个革泰人（色雷斯人的一支）和萨尔马特人①建立的王国，其中一国的势力中心在多瑙河河口，由伊斯特拉王统治。

公元前4世纪末3世纪初，众王国结盟，统一币制，仿照马其顿王国钱币的样子造币，后来发行自己独有的货币。货币的出现促进了与希腊的贸易往来。整个社会的政治经济得到发展。其中最有名的是德罗米海特王领导的国家，都城格里斯，势力范围是今摩尔多瓦南部及其周边地区。

公元前3世纪—前2世纪，这里先后存在过很多国家。公元前80年，布雷比斯塔统一各小国，建立统一的奴隶制国家，定都萨米泽盖图萨（今瓦尔赫莱），意为"革泰人和萨尔马特人的联盟"。这就是达契亚古国，国民称达契亚人。

布雷比斯塔去世后，达契亚古国分裂，受到罗马人的入侵。

二、达契亚战争

1世纪，德切巴尔以特兰西瓦尼亚②为中心重新建国。达契亚开始强大起来，成为罗马帝国的严重威胁。在德切巴尔统治时期，达契亚人展开了与罗马人的数次战争(85—88年)。最后，双方讲和，罗马人资助达契亚人武器，派工匠帮忙修筑工事。这一和约证明罗马帝国正式承认达契亚国，达契亚国的实力不可小觑。

罗马帝国在巴尔干半岛的扩张引起了达契亚人和罗马人之间的冲突。101—102年，罗马皇帝图拉真发动了对达契亚人的战争。101年春，图拉真经过精心的准备，集中了20万大军，兵分两路，驾船强渡多瑙河。图拉真亲率西路大军，一路披荆斩棘，穿越原始森林，直扑达契亚都城萨米泽盖图萨。达契亚人奋起抵抗，使罗马人遭到很大损失。102年，罗马人击垮达契亚人的抵抗，包围了达契亚首都，并占领了达契亚的部分领土。德切巴尔被迫无条件接受和约，并表示永远

---

① 原始斯拉夫人，居住在自托博尔河至伏尔加河流域草原的游牧部落，后部分迁移至尼斯特鲁河-多瑙河流域。

② 指罗马尼亚中西部地区，中世纪曾是一个公国。

和罗马共敌友。德切巴尔被保留做罗马摄政之下的傀儡国王。

105年，德切巴尔乘罗马人离开达契亚之机，重开战火，摧毁了部署在达契亚的罗马军队。图拉真调动12个军团与达契亚人作战，占领了一个又一个达契亚据点。双方在萨米泽盖图萨展开了最惨烈的血战。在胜利无望时，德切巴尔宁愿服毒而死，也不肯做罗马人的奴隶。图拉真掠夺了大量的财宝。达契亚的都城被夷为平地。

图拉真在多瑙河上修筑起巨大的石桥，将达契亚古国部分地区并入罗马，成为罗马一个新的行省。罗马帝国统治达契亚达170年之久。在这期间，罗马移民像潮水般一群一群地涌进达契亚。他们带来了罗马帝国的奴隶制度，也带来了罗马人的风俗习惯、拉丁语言文字和文化。达契亚人在先进的罗马物质文明和生活方式的影响下很快罗马化。罗马人的政治、经济、生活方式在达契亚省和下美西亚省广泛传播，并占据了主导地位。当地居民学会使用拉丁语和拉丁文字，接受了罗马的风俗习惯和宗教信仰，在农业生产中推广使用罗马人的农耕工具，并向罗马人学习在城市之间修建公路。在罗马帝国统治时期，罗马帝国的许多退役军人和居民大量迁移到达契亚省，他们和当地居民相互融合。到2—3世纪，拉丁语已不仅仅是达契亚省的正式官方语言，而且被当地居民当作日常交往的通用语言。达契亚人逐渐接受了罗马人的语言、信仰、习惯和传统，形成了达契亚-罗马人。

征服达契亚不仅消灭了一个强敌，使多瑙河下游一带安定，而且获得了巨大的财富和广阔的土地，为图拉真建造宏大的公共建筑提供了资金。图拉真在罗马庆祝达契亚战争的胜利，历时123天。用这样长的时间来庆祝一次战争的胜利，在古今中外历史上都是绝无仅有的。

达契亚战争的历史记录在罗马城著名的图拉真圆柱上。图拉真圆柱系大理石砌成，高达27米，它的基座是爱奥尼亚柱式，柱头采用多立克柱式。柱顶上还耸立着罗马元首图拉真的青铜像（此像已在16世纪换下，代之以基督教传说中的圣彼得像）。柱身上环绕着长达200米的浮雕饰带，绕柱共二十三转，全部画面是图拉真率领军队征服达契亚的战争。这幅长卷浮雕详细地记录了图拉真亲自率领军队跋山涉水，日夜艰苦卓绝、鏖战不息的经历，它的中心思想即是歌颂帝国战功，宣扬武力权威。为了迎合这个好大喜功的皇帝的口味，当然免不了对历史做一些歪曲，但尽管如此，这里记载的事件是按照实际战场上的情景刻画的，所有的人物、军事装备、战争阵势、民族特征，都合乎历史真实，给后世留下一份极其珍贵的形象资料，诸如行军方式、兵器样式、地理环境，都具有经得起历史考证的文献价值。因此，这座记功柱不仅是艺术品，还是一种文献。

罗马皇帝图拉真于106年征服达契亚后，建立的达契亚省仅包括达契亚古国的一部分土地（20%），并不包括尼斯特鲁河与普鲁特河流域以及今摩尔多瓦共和国地区。所以这些地方没有遭受所谓的"罗马化改造"，生活着自由的达契亚人。自由达契亚人经常侵入罗马人的占领地。

三、民族大迁移

4—7世纪是欧洲历史上的民族大迁移时期，在社会、政治、民族、经济文化诸多方面发生了重大变化。所有迁移民族均对本地居民生活产生了一定的影响。

（一）哥特人的影响

从3世纪起，不同氏族部落先后进入这一地区。其中哥特人在今摩尔多瓦共和国地区建立强大的国家。与此同时，罗马帝国衰落。

271年，在哥特人及自由达契亚人的压力下罗马奥列里亚努斯皇帝（270—275）下令罗马军队和行政机构撤离达契亚省，罗马人被迫放弃达契亚省，退回多瑙河右岸。但是，大量罗马居民仍然留在当地。

4世纪末，哥特人的国家被匈奴人吞并。

（二）斯拉夫人的影响

5世纪末—6世纪初，大量斯拉夫人进入这一地区。这是他们前往多瑙河和巴尔干半岛的必经之路。6—7世纪斯拉夫人的聚居地已超过30处，8—9世纪达到200处左右。10世纪，这些斯拉夫部落受到古罗斯国的影响，有时甚至归其管辖。

在迁移途中，部分斯拉夫人定居在罗马统治区内。斯拉夫人和罗马化居民和睦相处，并不断地经过通婚与抵抗共同的敌人而与当地的土著居民融合。9世纪末，该地区形成了具有自身社会经济制度和语言特征的民族文化团体——瓦洛赫人。瓦洛赫人的语言属于罗曼语系，但在语音和词汇上借用了许多古斯拉夫语的发音和词汇。关于瓦洛赫人最早的文字记载可以在摩尔多瓦著名的古代历史著作《往年纪事》中找到。瓦洛赫人居住在欧洲东南部从喀尔巴阡山北部山口到南部的埃皮尔和费萨利亚的广阔地区内。这也正是当地居民偏于畜牧业的主要原因。瓦洛赫人的主要经济活动是养羊业，种植业只是副业生产。在瓦洛赫人的社会中保留着大族长制家庭和氏族关系。

南部地区聚居着南斯拉夫人的部落，属于巴尔干-多瑙文化。他们是在保加利亚王国向多瑙河以北地区扩张时进入摩尔多瓦的，对摩尔多瓦在行政管理、宗教和文化方面产生一定的影响。9—10世纪，斯拉夫语成为巴尔干-多瑙河一带的教会语言，后来成为摩尔多瓦公国和瓦拉几亚公国的官方语言。

12—14世纪，瓦洛赫人为逃避匈牙利王国的社会、民族和宗教压迫，从并入匈牙利王国的部分喀尔巴阡山地区向尼斯特鲁河-喀尔巴阡山脉地区迁移，使该地区已有的东罗马文化特征进一步强化。到14世纪中叶，喀尔巴阡山以东地区基本上被瓦洛赫人占据。在尼斯特鲁河-喀尔巴阡山脉地区大约建有800个居民点。这里的地理环境非常有利于林区畜牧业的发展，成为中世纪人口最稠密的地区之一。

12—14世纪，居住在喀尔巴阡山以东地区的瓦洛赫居民基本处于自然经济状态，政治条件也不同于留在喀尔巴阡山-多瑙河居住区的瓦洛赫人。这些新的条件，加上和东斯拉夫人的交往孕育发展出不同于传统瓦洛赫人的民族特征。

民族大迁移的结果使瓦洛赫人成为这一带的主要居民，也是摩尔多瓦民族的祖先。

第二节　摩尔多瓦公国时期

从10世纪开始，由于封建关系的发展，在尼斯特鲁河与普鲁特河之间的地域出现很多小公国，先后依附于保加利亚王国、基辅罗斯、金帐汗国、匈牙利的统治。

❖ 一、摩尔多瓦公国的建立

13世纪初，蒙古人攻城略地，一路西进。13世纪下半叶—14世纪上半叶蒙古鞑靼人驻扎在多瑙河河口三角洲，将尼斯特鲁河-喀尔巴阡山脉地区的东南部分划入金帐汗国的领地。

14世纪，蒙古人的实力开始衰落，匈牙利人乘机占领普鲁特河流域，在当地建立国家政权并指派统治者。最初的领地区域包括喀尔巴阡山东坡和与其毗连的苏恰瓦和比斯特里察流域的北部与南部地区。这里是喀尔巴阡山东部人口最稠密的地区。摩尔多瓦河流域处于该地区的中心。德拉格斯就是这样成为摩尔多瓦公国的第一代大公。

关于摩尔多瓦这一名称的来历有一个神奇的传说。说是德拉格斯从匈牙利出来打猎，他的猎狗摩尔多在追踪一头野公牛时，掉进一条河里淹死了。为了纪念这只勇敢的猎狗，德拉格斯把这条河命名为摩尔多瓦。之后便在此地定国，名为摩尔多瓦，并在国徽上绘制野公牛头。当然，这可能只是为了解释摩尔多瓦国徽上牛头的来历杜撰出来的，但也说明摩尔多瓦来源于河流的名字。

作为匈牙利的藩属，德拉格斯受命于匈牙利国王查理一世带兵驱逐普鲁特河流域的蒙古人，将现今摩尔多瓦共和国所在区域纳入匈牙利王国的管辖范围，定都谢列斯特。其爵位由其儿子萨斯和孙子巴尔克继承。

❖ 二、摩尔多瓦公国的独立

（一）波格丹一世

摩尔多瓦对匈牙利的依附关系存续了不到15年。当地居民对匈牙利国王奉行的奴役政策极为不满，不断起义，反抗匈牙利的统治。1359年，军事将领波格丹同匈牙利国王闹翻，前来摩尔多瓦，推翻巴尔克的统治，自立为大公，领导一批追随者起义反抗匈牙利的统治。波格丹一世拒绝承认匈牙利的宗主地位，建立了独立的摩尔多瓦公国，首都依旧是谢列斯特，但其统治中心多在勒德乌茨。匈牙利国王镇压未果，只得在1365年承认摩尔多瓦公国独立。波格丹一世在位期间，他把公国的疆域从喀尔巴阡山和普鲁特河之间扩展到尼斯特鲁河和黑海。波格丹一世是独立的摩尔多瓦公国的第一代君主。

波格丹一世的儿子拉茨科继位后，顺应当地居民的宗教信仰，推行东正教。1371年（一说1373年）摩尔多瓦正式受洗，奠定了摩尔多瓦东正教宗教信仰的传统。

（二）木沙特王朝

1373年，拉茨科去世。政权由波格丹一世的女婿科斯佳·木沙特执掌。木沙特王朝就此开始。

彼得·木沙特一世（1375—1391）在位期间，摩尔多瓦发行了本国的第一批钱币——格罗希。国力日益强盛，木沙特王朝更加积极地参与东南欧的国际事务。1385年，迁都苏恰瓦。

摩尔多瓦公国位于国际贸易通道的交叉点，"摩尔多瓦之路"曾是连接东西方贸易的古丝绸之路的重要环节之一。这条贸易通道东起中东，经别尔哥罗德、基利亚、过摩尔多瓦到利沃夫，然后到达西欧。通往特兰西瓦尼亚、匈牙利等中欧国家的商路必须途经摩尔多瓦的苏恰瓦。有这么多条商路经过摩尔多瓦，摩尔多瓦自然变为国际贸易的货物中转站。摩尔多瓦公国中有相当一部分居民从事外贸活动。在摩尔多瓦城市里出现了以外贸为职业的商人阶层，他们在波兰、乌克兰、特兰西瓦尼亚、里海沿岸地区、土耳其、东地中海，专门从事贸易活动。贸易在国家经济生活中的作用日益提高。

1386年，顿河王德米特里的儿子瓦西里在金帐汗国做了三年人质之后，藏身于摩尔多瓦公国。俄罗斯史书写道，"是年，德米特里大公之子瓦西里离帐，遁往南地彼得将军处"。

德米特里大公派使团拜访彼得一世。这是俄罗斯和摩尔多瓦之间的第一次正式接触。

1391年，罗曼（1391—1394）成为新一代大公，疆土进一步扩大到普鲁特河与尼斯特鲁河之间的土地，抵达多瑙河和黑海沿岸。他先后与波兰和立陶宛结盟，却遭到两者的联合围攻并被俘，于1394年传位于其子斯特凡一世（1394—1399）。斯特凡一世全面臣服于波兰，成为傀儡。

随着摩尔多瓦公国在欧洲东南部实力的逐渐稳固，寻找外交同盟的需求也日益迫切。1395年，摩尔多瓦国王斯特凡一世承认波兰皇帝的宗主权，加入波兰-立陶宛同盟。从此，匈牙利的势力被迫退出摩尔多瓦公国。

（三）仁者亚历山大

1400年，亚历山大一世（1400—1432）继位。他被称为"仁者亚历山大"，因为他治国有方，百姓安居乐业，国内一片祥和。

亚历山大在位期间，国家政治稳定、经济繁荣。他划定摩尔多瓦公国与瓦拉几亚公国的边界，疆土面积扩大，加强中央集权，确立行政制度，支持发展手工业和对内对外贸易，赐予利沃夫（现乌克兰城市）、波兰、立陶宛等地商旅贸易特许权。他顺利平息与拜占庭罗马教皇多年的对立状态，保全摩尔多瓦东正教教会的独立和特殊地位。1401年，拜占庭承认摩尔多瓦公国约瑟夫都主教地位。这些事件促进了国内教会的团结。

亚历山大恢复与波兰的藩属关系，多次出兵支援波兰军队，立下赫赫战功。

1432年，亚历山大去世，他的两个儿子因争权而导致国家分裂。一个儿子登基，另一个儿子占据了国家南部的大片土地行使君主权力。摩尔多瓦公国陷入了封建割据战争之中，内战持续了近25年。在这25年中，摩尔多瓦先后有11个君王亲政。摩尔多瓦内战破坏了社会经济生产秩序，国力大减。内忧招来外患。波兰、匈牙利、瓦拉几亚等邻国纷纷插手摩尔多瓦事务。

土耳其军队推进到摩尔多瓦公国的南部边境，以瓦拉几亚为基地征讨摩尔多瓦。最终，摩尔多瓦的昏庸君主彼得·阿隆及贵族阶层同意成为土耳其苏丹的附庸。从1456年开始，摩尔多瓦公国每年向苏丹交纳2 000枚金币。

三、斯特凡大公

1457年，斯特凡三世（1457—1504，后世称其为斯特凡大公）在瓦拉几亚公国的帮助下巧妙地平息了大地主们的独立要求，牢固地掌握了政治、经济和军事权力，统一摩尔多瓦。这使他成为新一代统治者，也是他成功抗击外国侵略的条件之一。斯特凡在位期间，国力迅速恢复并得到前所未有的发展。

国家鼓励商业，支持过境贸易。在地中海驻有海军，一度行至威尼斯等地。积极扶植教会，赐予土地与财物，借此巩固统治。他在位期间兴建大量教堂，这些哥特式建筑成为现代摩尔多瓦的宝贵建筑财富。

斯特凡三世推行积极外交政策，与莫斯科公国达成政治军事联盟，并以联姻巩固。摩俄军事联盟消除了克里米亚鞑靼人的威胁。

斯特凡三世加强军事力量，构筑军事要塞；数次讨伐波兰，于1462年达成和约，要回波兰人侵占的要塞；为了消灭政敌，巩固统治，向匈牙利宣战；1465年，夺回匈占吉利亚要塞；1467年，以少胜多，打败匈牙利4万入侵军队，在邻国面前确立了威信。

15世纪中叶后，摩尔多瓦公国虽然仍是自治公国，但要向奥斯曼帝国纳贡。70年代斯特凡三世停止向土耳其人进贡，拒绝把摩尔多瓦边境要塞别尔哥罗德（白堡）和基利亚划给土耳其人。1474年深秋，由10万~12万人组成的土耳其大军入侵摩尔多瓦。斯特凡三世不顾国内贵族的反对，动员农民入伍，集结约4万人的"大军队"去应战。在两军力量悬殊的情况下，斯特凡三世运用自己的军事才智，依靠军队的高昂士气英勇抗敌。1475年1月10日，摩尔多瓦和土耳其军队在瓦斯卢伊展开决战。这里的地形不利于大规模的土耳其军队展开运动，斯特凡三世派一支小部队潜入敌后，点燃进攻信号，土军以为陷入摩尔多瓦军队的包围圈，内部大乱，仓皇逃跑，摩尔多瓦公国取得了决定性的胜利。摩尔多瓦公国取得的军事胜利在欧洲反异族侵略史上留下了光辉的一页。但是，战争并没有因此而结束，国家仍未摆脱受奴役的威胁。斯特凡三世寻求国际援助无果。

1475年，克里木汗国归顺苏丹，并配合土耳其军队从东部进攻摩尔多瓦。在这种情况下，斯特凡三世被迫宣誓效忠匈牙利国王，和匈牙利结成反对土耳其人的联盟。1476年，穆罕默德二世亲自统率土耳其军队进攻摩尔多瓦。这是一场持久的消耗战。摩尔多瓦军队在斯特凡三世的领导下利用国内的有利地形，出其不意地攻击土耳其军队。摩尔多瓦军队再次获胜。但是，斯特凡三世取得的军事胜利并没有阻止土耳其军队的进攻。

1484年，土耳其军队占领了摩尔多瓦的重要边塞城堡别尔哥罗德和基利亚，从经济、政治和军事上削弱了摩尔多瓦。斯特凡三世为收复别尔哥罗德和基利亚做了多次努力，均未成功。1485年，土耳其军队占领了摩尔多瓦。曾允诺支持摩尔多瓦的匈牙利国王早在1483年就和苏丹签订了合约。

军事上的失利恶化了国内的政治局势。国内大地主本来就对斯特凡三世征召农民入伍的决定不满，这时他们试图以军事失利为理由，推举新的大公。虽然斯特凡三世挫败了政变阴谋，但也埋下了引发内战的种子。在这种情况下，斯特凡三世改变了外交政策，于1489年和土耳其人签订和约，同意每年向苏丹交纳4 000枚杜卡特（古代威尼斯的金币，起源于拜占庭杜卡王朝），以保持摩尔多瓦的自由。

15世纪末，摩尔多瓦对抗波兰和立陶宛的侵略。1497年，波兰军队佯攻土耳其人，入侵摩尔多瓦公国，企图围困其首都苏恰瓦。斯特凡三世将波兰军队包围并击退。双方签署有利于摩尔多瓦的新和平协议。

斯特凡三世是杰出的政治家、军事家、外交家，是摩尔多瓦文化的守护神，深受人民爱戴。同时他也是摩尔多瓦民间故事和文学作品中常见的主人公形象。

四、"勇敢者"米哈伊

16世纪，摩尔多瓦国势渐微，四面楚歌。与波兰的联盟名存实亡。王权受到瓦拉几亚大公的觊觎。摩尔多瓦对奥斯曼帝国纳贡加倍，以换取国家的独立。1538年8月，土耳其苏丹联合瓦拉几亚和鞑靼人大举进犯，攻占全国，任命斯特凡五世为大公，迁都雅西，强占公国南部沿海城市布扎克和蒂吉纳地区。从此摩尔多瓦公国沦为奥斯曼帝国的附庸国。

但是，摩尔多瓦人民不向命运屈服，一直反对异族侵略，为自身解放而斗争。1490年、1492年、1514年摩尔多瓦境内爆发了大规模针对土耳其人压迫的农民起义。与此同时，民族解放运动席卷整个巴尔干地区。欧洲诸国形成反抗奥斯曼帝国的基督教同盟。1595年3月，摩尔多瓦公国与同是奥斯曼帝国藩属国的特兰西瓦尼亚和瓦拉几亚两个公国达成协议，共同对抗土耳其人。米哈伊屡次击败奥斯曼帝国军队，夺取了包括布加勒斯特在内的多瑙河沿岸大片地区。1598年，特兰西瓦尼亚君主西吉斯蒙德·巴托里让位于神圣罗马帝国皇帝鲁道夫二世，不久他又改变主意，欲让位给他的堂弟安德鲁·巴托里。由于安德鲁同波兰国王西吉斯蒙德三世关系密切，且觊觎瓦拉几亚的王位，米哈伊被迫同奥斯曼帝国媾和，并以承认鲁道夫二世的宗主权为条件，争取其协助对抗波兰和特兰西瓦尼亚。1599年10月，米哈伊彻底击败安德鲁·巴托里的军队，征服了特兰西瓦尼亚。16世纪末，瓦拉几亚大公勇士米哈伊在反抗土耳其人斗争中与摩尔多瓦、特兰西瓦尼亚结盟，多次打败土耳其军队，1599年解放了特兰西瓦尼亚，1600年解放了摩尔多瓦，在此基础之上，1600年夏，米哈伊在诏令中冠上了这样的称号："朕，米哈伊公爵，托庇上帝的保佑，瓦拉几亚、特兰西瓦尼亚和整个摩尔多瓦国家的君主。"

与此同时，波兰入侵摩尔多瓦公国，扶植亲波兰政权，向波兰纳贡。人民负担更加沉重，怨声载道。米哈伊趁机于1600年5月进军征服了摩尔多瓦公国，从而统一了瓦拉几亚、摩尔多瓦和特兰西瓦尼亚这三个公国。米哈伊亲自管理特兰西瓦尼亚，让自己的儿子管理瓦拉几亚，授命瓦拉几亚的大臣会议临时管理摩尔多瓦，这是罗马尼亚历史上的首次政治上的统一。罗马尼亚三国的统一是它们为争得完全独立而进行共同斗争的结果。此外，三国统一也是它们在历史上长期不断相互声援的结果。但这是哈布斯堡王朝、波兰、奥斯曼帝国、匈牙利等国不愿看到的。几股势力联合起来将米哈伊逐出特兰西瓦尼亚。波兰军队乘机卷土重来，再度建立傀儡政权。米哈伊屡屡失败，1601年8月19日被哈布斯堡将军乔吉奥·巴斯塔刺杀。短暂的统一宣告结束。

"勇敢者"米哈伊是历史上首次将瓦拉几亚、特兰西瓦尼亚和摩尔多瓦三个小国统一在一起的君主。

❀ 五、普鲁特河战役

罗马尼亚诸国这次统一的时间很短，1601年8月米哈伊遇害身亡后，它们虽然在一段时间内仍然坚持着独立政策，但1611年左右又先后恢复了与奥斯曼帝国的隶属关系。随着奥斯曼帝国的衰落和沙皇俄国的崛起，土耳其人不仅无法将瓦拉几亚、摩尔多瓦和特兰西瓦尼亚变成自己牢牢控制的管辖区，而且对它们内政的直接干涉也在逐渐减少。

另一方面，沙皇俄国和奥地利哈布斯堡王朝加强对罗马尼亚地区的渗透，开始同奥斯曼帝国争夺巴尔干半岛。

土耳其人对摩尔多瓦公国的控制变本加厉，随意任免国家最高领导人。1600—1634年出现了14位统领。1634年摩尔多瓦大公鲁普受苏丹之命管理瓦拉几亚、特兰西瓦尼亚，受到当地军队的阻挠。1645年，摩尔多瓦大公鲁普曾提议莫斯科派兵解放摩尔多瓦和瓦拉几亚。

一直以来，摩尔多瓦公国与莫斯科公国有联系，互派密使，互通信息。俄土因亚速地区爆发战争期间，双方的关系更加紧密，通报有关土耳其人、克里木汗国和波兰的情报。摩尔多瓦几代统治者都有意追随效忠俄国，但碍于土耳其人和波兰的势力只能暗中活动。俄国鉴于复杂的国际形势和摩尔多瓦统治者摇摆不定的态度，迟迟没有正面答复。

1709年波尔塔瓦战役后，瑞典国王卡尔十二世逃入奥斯曼帝国境内。彼得一世要求苏丹交人，并以发动战争相威胁。不想，1710年11月20日苏丹竟抢先向俄国宣战。

1711年4月13日，摩尔多瓦大公甘特米尔的密使在卢茨克与彼得一世签署密约，共同对抗土耳其人。条约规定，摩尔多瓦公国和俄国在反奥斯曼战争中进行合作，摩尔多瓦在摆脱奥斯曼桎梏以后，臣服于俄罗斯。俄罗斯帮助摩尔多瓦收复位于尼斯特鲁河和布扎克之间的全部领土，保证它的领土完整和不干涉其内政。甘特米尔在雅西向沙皇俄国宣誓效忠，自愿成为俄附属国，取得一系列优惠待遇以及世袭爵位。彼得一世得到瓦拉几亚公国和摩尔多瓦公国的支持，决定远征多瑙河。1711年夏，不到4万人的俄国军队在普鲁特河畔陷入12万土耳其军队和7万鞑靼骑兵的重围。普鲁特河战役最终以俄国的失败告终。俄国被迫放弃亚速，拆毁亚速海沿岸的工事。根据1711年7月俄土《普鲁特和约》，亚速重归土耳其。此役后，甘特米尔举家迁往俄国，成为彼得一世的近臣。

普鲁特河战役后，摩尔多瓦公国受到严厉的制裁，由土耳其苏丹直接任命摩尔多瓦公国的统治者，无权开展独立外交，不得设置军队。但是摩尔多瓦公国没有像巴尔干半岛的其他国家一样并入奥斯曼帝国的版图，依然是一个独立藩属国。此后，俄国和土耳其之间战事不断，摩尔多瓦公国沦为主战场，各方面遭受重创，一片萧条。

✤ 六、罗马尼亚王国

随着沙皇俄国和奥地利哈布斯堡王朝加强对罗马尼亚的渗透，瓦拉几亚和摩尔多瓦成了俄土争夺的重点。俄国和土耳其又先后于1739年和1768年在摩尔多瓦境内交战。1768年11月9日，土耳其军队向俄国投降。俄国对土耳其的胜利客观上削弱了土耳其对瓦拉几亚和摩尔多瓦的统治，促进了这两个公国资本主义因素的发展，推动了它们争取独立的斗争。

（一）法纳里奥特时期

在夹缝中求生存谋独立，就成了这一地区此后社会发展的突出特征。1711—1821年，瓦拉几亚和摩尔多瓦实行了一种名为法纳里奥特的政体，这110年也被称为法纳里奥特时期。

奥斯曼帝国扩张到巴尔干半岛之后，希腊人在这个帝国里有很大的经济实力和政治实力。由于这些人主要来自君士坦丁堡希腊人居住区法纳尔，因而也被称为法纳尔人。许多法纳尔人在奥斯曼帝国的宫廷里当官，有的还被苏丹任命为摩尔多瓦大公和瓦拉几亚大公，这便是所谓的法纳里奥特政体。

从根本上说，土耳其人实行这种政体是为了限制摩尔多瓦和瓦拉几亚的自治权。在政治上，土耳其人就是要控制它们内部的政权构成。根据土耳其人的规定，每个大公的任期只有三年，土耳其当局可以将他们调来调去。比如，康斯坦丁·马弗罗科尔达特就在瓦拉几亚当了六次大公，在摩尔多瓦当了四次。在经济上，土耳其人要两公国在战时无偿提供劳役和产品，在平时则要按规定的价格将粮食等经济产品卖给帝国政府。在外交上，土耳其人要它们为自己的利益服务。在奥土、俄土战争期间，土耳其把许多罗马尼亚的地方割让给了奥地利和沙皇俄国。其中，1718年奥地利通过《帕萨罗维茨和约》得到了巴纳特和奥尔特尼亚。俄国1774年成为当时依旧承认土耳其宗主权的摩尔多瓦的保护国，1812年通过《布加勒斯特条约》得到了普鲁特河和尼斯特鲁河之间的比萨拉比亚。另一方面，法纳里奥特这种体制在客观上促进了多瑙河两公国之间的联系，如公爵们在两公国之间的频繁调动有助于采取共同的组织措施和改革措施。马弗罗科尔达特于

1746年和1749年分别在瓦拉几亚和摩尔多瓦废除了农民对君主、寺院或贵族的人身依附。在奥土战争和俄土战争结束并进行谈判时，瓦拉几亚和摩尔多瓦的代表也提出两个公国不仅政治权力要得到恢复和尊重，而且应当在一个"贤明的君主"领导下联合起来。

18世纪下半期的两次俄土战争不仅严重削弱了奥斯曼帝国对多瑙河两公国的控制，也促进了两公国争取独立的斗争。

1821年5月，2万人的土耳其军队占领摩尔多瓦。俄国和土耳其再次交战。1822年7月，奥斯曼帝国政府彻底放弃了通过军事长官对瓦拉几亚和摩尔多瓦进行统治的打算，任命了当地人做它们的大公。与此相适应，法纳里奥特政体连同罗马尼亚人供奉法纳里区贵族的义务也都结束了。

1827年，土耳其和俄国签订《阿克尔曼协定》。该协定规定，摩尔多瓦有权推选本国人做君主，但须经俄国和土耳其的批准；公国免缴贡税2年；贸易自由；但需要承担供给奥斯曼帝廷粮食的义务。俄土于1829年战争后签订的《阿德里安堡条约》在重申了上述规定以外，还补充规定摩尔多瓦大公终身任职，有权依靠国政会议处理国家事务，不再向奥斯曼帝廷和土耳其军队提供给养，贸易自由。

（二）A.I.库扎

1853—1856年的俄土战争中，俄国战败。1856年3月，英国、法国、沙俄、土耳其等欧洲7国签订《巴黎和约》。和约允许多瑙公国各自选举本国议会，由议会主持产生选民大会以选举未来的君主。这样就解除了俄国对多瑙公国的长期控制，但土耳其仍然是摩尔多瓦的宗主国，同时受《巴黎和约》签字国的集体保护。

1858年8月7日，英、法、俄、土等七国签订的《巴黎和约补充协议》规定摩尔多瓦和瓦拉几亚两公国合并成立联合公国。但每个公国设立本国的国君、政府和立法议会。联合公国设中央委员会制定共同关心的法律，并成立两国共有的最高法院。协议还规定取消地主特权和等级制、实行内阁责任制等。

1859年1月，A.I.库扎上校当选为摩尔多瓦大公和瓦拉几亚大公。同年，多瑙公国合并为瓦拉几亚及摩尔多瓦联合公国，定都布加勒斯特，附属于奥斯曼帝国。达契亚的子孙终于在200多年后实现了部分统一。

1861年12月4日，土耳其苏丹颁布法令，将摩尔多瓦和瓦拉几亚两公国合并为一个国家，称罗马尼亚，附属于奥斯曼帝国，史称罗马尼亚小统一。1861年12月11日，摩尔多瓦大公和瓦拉几亚大公A. I.库扎宣布罗马尼亚民族诞生。这样，摩尔多瓦公国与瓦拉几亚公国合并构成新的国家。

A. I.库扎成为罗马尼亚联合公国的第一任统治者，开始大规模的改革，涉及土地、军事、司法、行政等的方方面面。他进行的土地改革触动了贵族的利益。1864年，A. I.库扎强行解散议会，将不满的贵族逐出国家议会，采纳新宪法，实行个人专政。失势贵族结成同盟，联合军队高官将A. I.库扎赶出国家，推举卡洛尔一世成为新的国家领导人。

1881年5月10日，瓦拉几亚和摩尔多瓦联合公国大公卡洛尔一世举行加冕仪式，正式称王。罗马尼亚王国就此成立。

第三节　比萨拉比亚时期

比萨拉比亚地区是指尼斯特鲁河、普鲁特河—多瑙河和黑海形成的三角地带，即布扎克和蒂吉纳地区。这是俄国对其占领的摩尔多瓦公国东部地区的称呼，以区别于摩尔多瓦公国本土——摩尔多瓦公国西部地区。

16世纪，该地区被土耳其强占。18世纪，奥斯曼帝国开始衰落，东西方大国乘机瓜分觊觎已久的土地，位于奥斯曼帝国东北边境的比萨拉比亚首当其冲。沙皇俄国自彼得一世开始就试图南下夺取出海口，建立地区乃至世界霸权，而比萨拉比亚是其南下的必经之路。所以，俄国一直在寻找机会占领比萨拉比亚。俄国在摩尔多瓦公国的影响越来越大，而土耳其的势力却日渐衰弱。

一、争夺比萨拉比亚

1774年，俄国和土耳其签订《库楚克-凯那尔吉和约》，其中规定：摩尔多瓦公国将大幅度减少向土耳其纳贡的数额；土耳其贵族不得向摩尔多瓦公国居民征收苛捐杂税；不得对俄土战争中支持俄方的摩尔多瓦公国居民进行报复。土耳其必须无条件返还从摩尔多瓦公国掠走的土地，不得以此为理由向摩尔多瓦公国居民征税；土耳其不得向摩尔多瓦公国追要战争期间拖欠的税款；土耳其必须允许所有愿意移居俄国的摩尔多瓦公国居民前往俄国；俄国驻土耳其的外交官有权保护摩尔多瓦公国居民。俄土战争削弱了土耳其在摩尔多瓦公国的统治地位，俄土签订的《库楚克-凯那尔吉和约》减轻了土耳其对摩尔多瓦公国的政治和经济压迫，摩尔多瓦公国的经济生活逐渐纳入正轨。

从此，俄获权保护多瑙河流域的摩尔多瓦和瓦拉几亚两公国（并称多瑙公国）信奉东正教的居民。1779年，俄在摩尔多瓦公国设立领事馆。

当时，摩尔多瓦居民除居住在摩尔多瓦公国境内，还聚居在尼斯特鲁河与普鲁特河之间的南部地区，以及尼斯特鲁河左岸地区。尼斯特鲁河与普鲁特河两河之间的南部地区从1484年起处于奥斯曼土耳其的直接统治之下。土耳其从摩尔多瓦公国撤走以后，上述地区划归本德尔（现名蒂吉纳）府、霍亨府，尼斯特鲁河左岸下游地区划入奥恰克，由克里木汗国管辖。1792年，根据俄国和土耳其签订的《雅西和约》，尼斯特鲁河左岸地区并入俄国版图，尼斯特鲁河成为两国界河。雅克尔勒区以北的尼斯特鲁河左岸地区在第二次瓜分波兰以前属波兰勃拉兹拉省，1793年并入沙俄，1796年更名为波多尔。上述地区的民族成分比较复杂，除摩尔多瓦人以外，还有乌克兰人、俄罗斯人、亚美尼亚人、犹太人、保加利亚人等。还在16世纪末—17世纪初，摩尔多瓦人就已开始向尼斯特鲁河左岸地区迁移，18世纪中叶移民达到高潮。到18世纪70年代，尼斯特鲁河和布克河之间地区的长住居民已有1.2万~1.5万人。该地区的居民主要从事农耕和畜牧业。

1806年11—12月，俄国借口1805年签订的俄国船只自由通过海峡的条约遭到破坏，以及土耳其擅自更换摩尔多瓦和瓦拉几亚公国大公，派兵进驻土耳其傀儡控制的摩尔多瓦和瓦拉几亚。战争持续了6年，以土耳其的失败告终。根据1812年5月俄土《布加勒斯特和约》，俄国攫取了普鲁特河左岸的全部土地，设立比萨拉比亚州，把国境推进到普鲁特河。

1856年，历时3年的克里木战争结束，根据《巴黎和约》，摩尔多瓦公国脱离俄国庇护，重新获得比萨拉比亚南部地区（面积约5 000平方千米，人口约12.8万人）。

1877年5月21日（9日）俄土战争再次爆发。瓦拉几亚及摩尔多瓦联合公国第一次以独立的罗马尼亚王国名义宣布参战。罗马尼亚在对土耳其战争之前与俄国签下密约，希望保证前者的领土完整。战争中罗马尼亚付出很大代价，但最后却一无所得。根据《圣斯特凡诺条约》以及之后的《柏林和约》，罗马尼亚独立，并获得北布科维纳，但被迫将比萨拉比亚南部地区割让给俄国。

二、俄属比萨拉比亚省

比萨拉比亚和沿尼斯特鲁河左岸地区均属农业地区，绝大多数居民是摩尔多瓦人。农民分为数个等级，最主要的群体是居住在地主和修道院所属土地上的农奴。19世纪30年代中期，比萨拉比亚的农奴有47.65万人，到19世纪50年代，大约有60万人。在国有土地上居住着自由农民、国外移民和多瑙河流域的哥萨克人。这部分人大约有14万人，50年代达到20.4万人。

1818年，在这一地区成立比萨拉比亚州，按照俄国行政设置建立管理机构，实行俄国法律。在1813年《比萨拉比亚临时管理规定》和1818年《建立比萨拉比亚州规章》两项文件中确定了比萨拉比亚行政体系特点，与俄国省级行政区划和等级机构制相比，比萨拉比亚的行政管理特点是设州政府、州最高议会、州法院，不设置乡一级机构。随着时间的推移，比萨拉比亚的行政管理机构和俄国的地方行政管理机构趋同，1873年改称比萨拉比亚省，首府基希讷乌。

1812年到第一次世界大战前的一百年，比萨拉比亚处于沙皇俄国的统治之下。比萨拉比亚并入俄国以后，过去形成的封建国家土地所有制逐渐削弱，私人封建土地所有制形式有所加强。比萨拉比亚的农奴是自由农民，这一点上不同于俄国农奴。俄沙皇政府曾颁布两项法令——《1834年的农民状况》《1846年一般协定》，禁止比萨拉比亚农民变换庄园主。农业人口中的第二大群体是小土地占有者，这部分人属于纳税农民。他们的财产受到俄国法律的保护。

由于俄国实施民族迁移政策，该地区摩尔多瓦人的数量从1817年的37万人增加到1859年的57万人，但比重由原来的78.2%降至

54.9%。

虽然开设学校的数量有所增加，但大部分的当地居民没有受教育的机会。截至1897年识字的人口只占到总人口的15.6%，识字的男性占22%，女性只占8.83%。正是由于俄国的民族政策，反倒增强了比萨拉比亚地区摩尔多瓦人的凝聚力，使他们对自身的民族认同感上升，对俄国的认同感下降。另一方面，由于比萨拉比亚成了帝国争霸的场所，争霸斗争给该地区带来无限灾难的同时，也给这里被压迫的民族带来了独立的机遇，使他们有可能趁压迫者被打败或削弱时争取自由和解放。第一次世界大战前夕，当地居民对沙俄政府的不满开始显现。

1861年，俄国废除农奴制。在农村土地改革过程中，比萨拉比亚地区农村中的阶级矛盾激化。受压迫的农民反对地主的斗争日益高涨。1861—1868年，比萨拉比亚全境发生46起农民起义，遍及全国各县。农民起义的中心内容是反对服劳役和向地主交纳贡赋，他们要求得到土地。

与此同时，城市工人革命运动也在发展。比萨拉比亚的工人数量不多，生活状况异常艰苦，收入低微，缺少劳动保护和医疗保障。工人对企业主的不满情绪演变为闹工潮。虽然罢工失败了，却宣告了比萨拉比亚省工人运动的开始。

19世纪90年代，民主革命思想在比萨拉比亚广泛传播。《现代人》《钟声》等民主革命派办的杂志在比萨拉比亚各地发行。这些杂志中刊登了一批抨击比萨拉比亚地区农村土地关系的文章，批评地主只解放农奴而不给他们土地的恶劣做法。

1903年，发生震惊世界的"基希讷乌大屠杀"。传言说犹太人为宗教仪式杀人，不明真相的百姓在东正教复活节期间大肆抢劫、杀害犹太人，导致49人死亡、586人受伤、1 500处房屋被毁。非俄裔居民人人自危，民族主义情绪高涨。

1905年3月22日，民主工党委员会领导基希讷乌工人举行大罢工，以声援圣彼得堡工人运动，罢工持续到4月中旬。这次罢工拉开了比萨拉比亚革命运动的序幕。在城市工人运动的影响下，农民运动蓬勃开展。1905年春季，比萨拉比亚各地先后爆发农民起义，杀富济贫。一些进步知识分子、邮电职工和学生也加入革命斗争之中。在这场革命斗争中，劳动群众要求消灭民族压迫，儿童接受母语教育，出版摩尔多瓦语文字报纸。10月17日，比萨拉比亚爆发了以铁路工人为主的大规模罢工，仅一昼夜的时间，基希讷乌就汇聚了上万人的游行队伍，他们手持红旗，高喊"打倒专制""实行8小时工作制"的口号。之后，比萨拉比亚各大城市中的群众集会和反对专制制度的斗争此起彼伏。

1917年俄国"二月革命"后，该地民族主义运动兴起。1917年10月20日地区民族议会成立，1917年11月21日，举行第一次会议，推举英库·列次为主席。俄国"十月革命"之后，同年11月29日，在基希讷乌选举产生苏维埃主席团。著名的无产阶级革命领导人E. M. 维涅季克特当选为苏维埃主席团主席。

1917年12月15日，民族主义力量建立摩尔多瓦民主共和国。

1918年1月23日，摩尔多瓦民主共和国宣布独立。

🌸 三、罗属比萨拉比亚

1917年12月，罗马尼亚王国借口购买粮食出兵俄属比萨拉比亚地区，并于1918年1月13日攻占首府基希讷乌。与此同时，匈牙利、德国军队也侵占摩尔多瓦民主共和国北部地区。

1918年1月26日，苏维埃政府发表声明，宣布同罗马尼亚断绝外交关系，并准备出兵比萨拉比亚。1918年3月9日，苏俄和罗马尼亚签订了《雅西协定》。协定规定，罗马尼亚应在2个月内从比萨拉比亚撤军。

军事上的失败促使罗马尼亚采取政治手段，开始图谋与比萨拉比亚合并。1918年3月27日(4月10日)，比萨拉比亚民族议会通过了统一的正式声明："以比萨拉比亚人民的名义，国家会议宣布：以普鲁特河、德涅斯特河（现尼斯特鲁河）、黑海以及奥地利的古疆界为界的摩尔多瓦民主共和国(即俄属比萨拉比亚地区，成立于1917年12月)，是一百多年前被俄国从古老的摩尔多瓦躯体上割去的土地，根据历史权利和民族权利，根据只有各民族人民才能决定他们自己命运的原则，它今后永远同自己的母亲———罗马尼亚统一。"[1]

---

① 康斯坦丁，朱雷斯库：《统一的罗马尼亚民族国家的形成》.陆象淦，译，北京:人民出版社,1978年

1918年11月，民族议会投票决定加入罗马尼亚王国。1919年12月29日，罗马尼亚议会通过立法正式与比萨拉比亚合并。1920年10月28日，英、法、意、日与罗马尼亚签署《巴黎条约》，承认罗马尼亚对比萨拉比亚的主权。

此后22年，比萨拉比亚地区处于罗马尼亚的统治之下。

第四节　摩尔达维亚时期

苏联政府不肯放弃对比萨拉比亚地区的权力，一直强烈反对《巴黎条约》，不承认比萨拉比亚并入罗马尼亚，并先后成立各类行政机构宣示主权。

1919年5月5日—11月，乌克兰苏维埃共和国境内建立比萨拉比亚临时工农政府。

1924年3月7日，摩尔达维亚自治州成立，隶属乌克兰苏维埃社会主义加盟共和国。

1924年10月12日，摩尔达维亚自治州改称摩尔达维亚苏维埃社会主义自治共和国（包括今摩尔多瓦共和国尼斯特鲁河左岸地区以及部分乌克兰地区）。

显而易见，这些行政区划的设立只是为了向罗马尼亚王国和国际社会施加压力。直到1940年，苏联和罗马尼亚并没有就比萨拉比亚问题达成共识。

一、摩尔达维亚苏维埃社会主义共和国

1939年8月23日，德国外交部长里宾特洛甫飞往莫斯科，同苏联签订了互不侵犯条约，附有一项"秘密附属议定书"，划分了德苏在东欧的利益范围。根据这项秘密附属议定书，比萨拉比亚归属苏联。

1940年6月26日、27日苏联政府两次发出照会，要求罗马尼亚政府停止占领苏联比萨拉比亚省。同时，以22年统治期间给苏联及当地居民带来巨大损失的赔偿方式，把北布科维纳移交苏联。罗马尼亚没有获得德国和意大利的支持，只得同意苏联的要求。在6月28日的照会中，罗马尼亚政府同意返还比萨拉比亚，确定了军队和行政机构撤

离程序和期限。当天，苏联红军进入比萨拉比亚地区，罗马尼亚军队退过普鲁特河。

同年8月2日，苏联最高苏维埃第八次会议决定成立摩尔达维亚苏维埃社会主义共和国，首都设在基希讷乌，包括比萨拉比亚和原摩尔达维亚苏维埃社会主义共和国的6个区，其他5个区划归乌克兰。

这样一来，摩尔达维亚成为苏联的第十五个加盟共和国，面积3.37万平方千米，人口270万，其中70%是摩尔多瓦人。

❧ 二、第二次世界大战期间的摩尔达维亚

摩尔达维亚的居民同苏联的其他加盟共和国人民一样参加了卫国战争，主要的敌人是罗马尼亚。

第二次世界大战爆发后，摩尔达维亚向苏联东部地区转移4 076车皮物资、18万头牲畜、23%的职工及其家人、80%的医生和大部分教师。

1941年7月，德国和罗马尼亚军队占领比萨拉比亚地区。罗马尼亚在摩尔达维亚设省，强行推行罗马尼亚语，严禁使用俄语。4万多摩尔多瓦人被运往德国。留在当地的居民受到侵略者的奴役，生活在水深火热之中。农民被强征40多种苛捐杂税，体罚工人成为合法行为。在占领期间，有1/10的摩尔多瓦人（2万多人）被拷打致死。加上传染病流行，两年间就有20万人由于饥饿和疾病死亡。

不屈的摩尔多瓦人民组织地下反抗组织和游击队。1941—1944年，共有3 500名游击队员组成80多个地下组织，还有从乌克兰派来的400人构成的48个纵队。由于经验不足，很多游击队员被俘后牺牲。

1942年苏联红军开始反攻，直到1944年8月的雅西战役取得决定性的胜利，整个摩尔达维亚获得解放。根据1944年9月签订的《罗苏停战协定》又恢复了1940年6月的苏罗边界。

❧ 三、第二次世界大战后的摩尔达维亚

第二次世界大战之后，苏维埃政府的统治不但具有稳定性，而且具有集中性和强制性。苏联中央政府推行两个目标：一是强调教育在宣传共产主义和俄国文化中的作用；二是不遗余力地切断比萨拉比亚与罗马尼亚的联系。

另一方面，苏联则仿照沙皇移民政策的实践，保加利亚人、日耳曼人、乌克兰人、波兰人和加告兹人被移入该地区。1949 年 4 月 6 日，中央政治局下令驱逐当地有"不光彩历史"的原住民家庭，比如，地主、富农、小企业主以及为德国、罗马尼亚侵略者和白俄军队提供帮助的人。这被称为"南方运动"。共有 11 280 个家庭，4 万多人被迁出。他们的财产被收归集体农庄和国营农庄所有，房屋被转让给移民。

摩尔达维亚苏维埃政府试图从各个方面塑造自己的独特的民族性，使用摩尔多瓦语这一名称来代替罗马尼亚语，使之成为摩尔多瓦人的民族语言。城市被俄罗斯人和非摩尔多瓦人占据，而广大的摩尔多瓦人则占了农村人口的大部分。这样导致了摩尔达维亚的上层文化和官方文化表现出俄罗斯文化的特点，而摩尔多瓦人的民族传统文化只能通过农村文化或其他民俗表现出来。

之后的 47 年，摩尔达维亚一直处于苏联的统治之下，直到 1991 年宣布独立。

第五节　　摩尔多瓦共和国时期

20 世纪 80 年代末，民族主义浪潮席卷苏联各地，苏联政权岌岌可危。1989 年 11 月，摩尔达维亚首都爆发游行，要求当局苏共领导人下台。

90 年代初，苏联各加盟共和国纷纷宣布脱离苏联独立。摩尔达维亚也加快了独立的步伐。

1990 年 4 月，摩尔多瓦人在地方选举中获胜并在最高苏维埃占据了多数席位。同年 5 月 23 日，摩尔达维亚最高苏维埃通过决议，把国名按摩尔多瓦语的发音恢复为"摩尔多瓦"，确定摩尔多瓦语即罗马尼亚语为国语。

1990 年 6 月，摩尔达维亚苏维埃社会主义共和国改称为摩尔多瓦苏维埃社会主义共和国。

1991 年 5 月 23 日，摩尔多瓦苏维埃社会主义共和国改称为摩尔多瓦共和国。

1991 年 8 月 27 日，摩尔多瓦共和国宣布独立。议会通过独立宣言，宣布摩尔多瓦共和国是独立自主的民主国家，有能力不受外界干涉自主决定现在和未来。

罗马尼亚官方在 1991 年 8 月 29 日也承认了摩尔多瓦共和国，并同乌克兰和俄罗斯签订了一个条约，承诺不对比萨拉比亚的领土提出要求，尊重现行的边界。

1991 年 9 月 4 日，摩尔多瓦共和国总统斯涅古尔发布命令：①摩尔多瓦共和国境内的海关机构归摩尔多瓦共和国政府管辖。②成立摩尔多瓦共和国武装力量。③摩尔多瓦共和国境内的苏联国防部兵役委员会移交给摩尔多瓦共和国政府管辖。④要求苏联军队和苏联内务部军队撤出摩尔多瓦共和国领土。在过渡时期，苏联军队只能遵守摩尔多瓦共和国的现行法律。⑤将苏联西部边界通过摩尔多瓦共和国领土的地段完全移交给摩尔多瓦共和国管辖并成为它的领土中不可分割的一部分。苏联驻军部队的所有建筑物、技术装备和武器都是摩尔多瓦共和国的财产。摩尔多瓦共和国国家安全委员会全权保卫摩尔多瓦共和国国境线。驻摩尔多瓦共和国境内的苏联克格勃部队全体官兵必须服从摩尔多瓦共和国国家安全委员会的领导。

1991 年 12 月 21 日，摩尔多瓦共和国签署了关于成立"独立国家联合体"的《阿拉木图宣言》。

1992 年 3 月 2 日，摩尔多瓦共和国加入联合国。

第三章 政治

第一节 　国家标志

一、国名

摩尔多瓦共和国在苏联时期曾先后被称为摩尔达维亚苏维埃社会主义自治共和国、摩尔达维亚苏维埃社会主义共和国。1990年6月改称为摩尔多瓦苏维埃社会主义共和国，1991年5月23日改称为摩尔多瓦共和国，简称摩尔多瓦。

二、国徽

1990年11月3日，现行国徽批准启用。

摩尔多瓦国徽为一只金色的雄鹰（一说是像鹰一样的白鹳）。鸟口衔着象征东正教的十字架，左爪持一根象征权威的权杖，右爪拿着象征和平的橄榄枝。鸟胸口上是巨大的盾牌，上半部为红色，象征着肥沃的田野；下半部为蓝色，象征丰沛的河流。整个盾面上是黄色的牛头，象征着正义，牛头正上方，在两只牛角之间是一颗黄色八角星，代表着国家主权。牛头右侧下方是一朵黄色五瓣鲜花（一说是桃花，一说是玫瑰），左侧下方是一弯新月，也是黄色。

国徽的构成元素记录着国家历史和鲜活的传统，展示着强大的民族凝聚力。

三、国旗

　　摩尔多瓦国旗呈长方形，长宽比例为 2∶1。旗面均分为蓝、黄、红三竖条，中央黄色条配有国徽。蓝、黄、红三色源自罗马尼亚国旗，代表摩尔多瓦与罗马尼亚的历史渊源。国旗象征着摩尔多瓦的过去、现在和将来，反映了国家的民主原则、民族的历史传统，代表着全国各族人民的平等、友好和团结。

　　1990 年 4 月 27 日，现行国旗正式启用。2010 年，确立 4 月 27 日为国旗日。

四、国歌

　　1995 年 7 月 22 日，现行国歌正式启用。词作者为阿列克谢·马杰耶维奇（其中的 5 句），曲作者为亚历山大·克里斯其、瓦连京·邓卡。

　　摩尔多瓦的国歌名为"我们的语言"。歌词大意：生动的语言是我们的财富，从过去的阴影深处，在我们古老的国土，珍贵的宝石遍布。我们的语言是燃烧的火焰，我们当中有人从沉睡中醒悟，就像故事里勇敢的人物。我们的语言创造了歌声，它打动我们灵魂的最深处，擦亮火光多么迅速，穿越蓝色地平线和黑雾。

五、国鸟

　　摩尔多瓦的国鸟是嘴里衔着一串葡萄的白鹳。传说，很久以前，摩尔多瓦的一个城堡被土耳其人包围，守城的战士英勇抗击侵略者，直到弹尽粮绝。眼看侵略者就要攻克城堡了，就在这千钧一发之际，刮起一股狂风，铺天盖地的白鹳从天而降，敌人吓得趴在地上，不敢抬头。成千上万的白鹳向城堡飞来，它们嘴里衔着葡萄送给城堡的保卫者。战士们吃到神鸟送来的葡萄，情绪高涨，士气大增，击退了来犯的敌人。从这以后，白鹳就成为摩尔多瓦人心中的吉祥鸟，象征着幸福和健康。

六、国花

摩尔多瓦的国花是桃花。

七、国家货币

1993年11月29日，使用新的国家货币——列伊，发行面额1、20列伊的钱币。

1994年发行面额5、10和50列伊的钱币。

1995年发行面额100和200列伊的钱币。

1999年10月发行面额500列伊的钱币。

2003年10月发行面额1 000列伊的钱币。

八、国家语言

摩尔多瓦语。

九、国家首都

摩尔多瓦共和国的首都是基希讷乌，摩尔多瓦语意为"泉水之源"。基希讷乌位于尼斯特鲁河支流贝克河畔，面积为200多平方千米，是全国的政治、经济、科学和文化中心。从高空鸟瞰，基希讷乌市好似一朵盛开的石头花，城市建筑构成了石头花的5个花瓣。基希讷乌市区内的大多数建筑是用纯白色的花岗岩石料建成的，基希讷乌因此获得"白色的城市，石雕的花"的美誉。

十、国庆日

1991年起，8月27日成为国庆日。

第二节　宪法

摩尔多瓦是一个主权独立、统一和不可分割的民主国家，实行议会共和制。总统由议会投票选举产生。三权分立，公有制和私有制并存。摩尔多瓦为中立国家，不允许在其领土驻扎外国军队。

1994 年 7 月 29 日，摩尔多瓦正式颁布独立以后的第一部宪法。2000 年 7 月 5 日通过国家宪法修正案。宪法对新国家政体的指导原则做出如下规定：

（1）三权分立原则，即立法、司法和执法分立，三大机构之间责权划分明确，同时相互制约、相互配合。议会和政府拥有立法动议权。

（2）民主制原则。摩尔多瓦实行民主和政治多元化原则，任何意识形态均不得被规定为国家官方意识形态。议会民主是这一原则的具体体现，摩尔多瓦议会是全国人民的最高代表机构，是国家唯一的立法权力机构。

（3）宪法至上原则。摩尔多瓦宪法为本国最高法律，凡是与宪法条款相抵触的法律或其他法规均不具有法律效力。

（4）中立原则。摩尔多瓦独立以后，一方面不断重申摩尔多瓦是享有主权的统一和不可分割的独立国家，其领土不可割让，同时宣布，摩尔多瓦共和国永久中立，不允许其他国家的武装力量在本土驻扎。

（5）公民权利至上原则。摩尔多瓦重视公民和睦、民主、人的尊严、权利和自由、人的个性自由发展，公正的政治多元化是摩尔多瓦国家的最高价值。国家主权属于摩尔多瓦公民，国家的首要任务是尊重和保护人的个性。人民的意志是国家权力的基础，这种意志在自由选举中得到体现，自由选举定期举行。摩尔多瓦公民在法律和权力面前人人平等，享有言论自由、信仰自由、结社自由、迁移自由、创作自由、集会自由等。

1999 年 7 月 25 日，摩尔多瓦议会决定将 7 月 29 日定为宪法日。

第三节　　政党

摩尔多瓦共和国实行多党制。2007年12月，摩尔多瓦议会通过政党法。新法规定，从国家预算中拨款0.05%作为政党活动经费，在中央和地方权力机构占有20%以上席位的政党按其所占比例获得经费。同月，摩议会通过选举法修正案，禁止政党成立选举联盟，规定政党在议会选举中至少获得6%的选票才可进入议会。

摩尔多瓦有多个政党团体，主要有以下几个。

（一）摩尔多瓦共和国共产党人党

摩尔多瓦共和国共产党人党的前身是摩尔多瓦共产党。1991年4月9日，摩尔多瓦共产党发生分裂。摩尔多瓦独立共产党在首都基希讷乌宣告成立。该党的纲领中说，独立共产党将是一个议会式民主和以社会主义为方向的政党。

1991年8月23日，摩尔多瓦最高苏维埃通过《关于摩尔多瓦共产党》的决定，禁止共产党在境内活动，没收其财产，禁止共和国、市、区一级党报出版。同一天，摩尔多瓦总统米·斯涅古尔颁布命令，宣布在该共和国境内的国家机构和企业实行非党化。摩尔多瓦的宪法中取消了原宪法中关于共产党在国家政治体制中的领导作用的规定。

1993年10月23日，摩尔多瓦共产党更名为摩尔多瓦共和国共产党人党（以下简称摩尔多瓦共产党人党）。截至2014年，有党员3万多人，全国共有基层党组织1 670个。

2001年，摩尔多瓦共产党人党在议会选举中获胜，成为苏联解体和东欧剧变后第一个重掌政权的共产党。

2001年4月，摩尔多瓦共产党人党第一书记(后改称主席)符拉基米尔·沃罗宁当选为总统。他提出了以振兴国家为核心目标的执政纲领。他采取措施消除多个党派利益集团之间的矛盾，建立有效的协调机制；主张发挥国家在经济改革中的宏观调控作用，鼓励居民艰苦创业，把摩尔多瓦建设成为一个具有先进的服务业和商品、资本流通方便的国家。摩尔多瓦共产党人党执政后，推行发展经济、改善民生的政策，摩尔多瓦政局保持稳定，经济持续增长，人民生活水平提高。

2005年3月，摩尔多瓦共产党人党再次在议会选举中获胜。沃罗宁再次当选为摩尔多瓦总统。2007年，摩尔多瓦共产党人党加入欧洲左翼党派联盟。2009年7月，摩尔多瓦共产党人党败选。

2001—2009年摩尔多瓦共产党人党为执政党。摩尔多瓦共产党人党的最终目标是实现共产主义，坚持在创新马列主义学说的基础上结合摩的情况发展自己。摩尔多瓦共产党人党执政的四个战略优先方向是：新的生活质量、经济现代化、融入欧洲和加强社会团结。

（二）摩尔多瓦自由民主党

摩尔多瓦自由民主党成立于2007年12月8日，截至2014年，有党员4.3万人。它主张巩固民主制度，发展经济，加入欧盟和北约。

摩尔多瓦自由民主党议会党团负责人是斯特勒列茨。

（三）摩尔多瓦民主党

摩尔多瓦民主党前身为成立于1997年2月8日的"为了民主与繁荣的摩尔多瓦"社会政治运动团体，2000年4月15日更名为摩尔多瓦民主党。截至2014年，有党员5万人。该党以欧洲民主为目标，主张在经济持续发展的基础上复兴摩尔多瓦，消除贫困与失业，促进出口，支持本地生产者和中小企业，打击腐败。

摩尔多瓦民主党现任领导人是卢普。

（四）摩尔多瓦自由党

摩尔多瓦自由党前身为成立于1993年的改革党，2005年更名为摩尔多瓦自由党。截至2014年，有党员1.2万人。该党主张创造新就业，提高社会福利，通过发展经济吸引尼斯特鲁河沿岸行政区，并入罗马尼亚，加入欧盟和北约，重视发展对俄关系。

摩尔多瓦自由党现任主席是菲拉特。

（五）"我们的摩尔多瓦"联盟

"我们的摩尔多瓦"联盟前身为2004年5月8日由"我们的摩尔多瓦"联盟、民主党、社会自由党等组成的"民主的摩尔多瓦"竞选集团。2005年3月议会选举后，民主党、社会自由党脱离该集团，集团更名为"我们的摩尔多瓦"联盟。

该联盟主张摩主权、独立和领土不可分割，解决尼斯特鲁河沿岸行政区问题，实现国家统一；创造新的就业机会，提高社会福利；加入欧盟，建设与美国的伙伴关系，保持与邻国和独联体的良好关系。

"我们的摩尔多瓦"联盟主席是塞拉菲姆·乌列基安。

（六）摩尔多瓦社会党

摩尔多瓦社会党前身是建于1992年8月的社会主义党。1997年，部分党员重新组建摩尔多瓦共和国社会党（以下简称摩尔多瓦社会党）。现任党领导人是多东。

摩尔多瓦社会党在2014年的议会选举中大获全胜，获得20.5%的选票，在议会中占有最多席位（25个）。但该党一直坚持亲俄路线，声明拒绝与亲欧派合作执政。

2016年，多东当选总统，摩尔多瓦社会党成为执政党。

第四节　　议会

摩尔多瓦共和国议会实行一院制，共有议席101个，任期四年。根据选举法，独立候选人必须获得2%以上选票才能进入议会，而政党进入议会的门槛为6%，两党联盟为9%，三党以上联盟则为11%。

根据摩尔多瓦宪法，新一届议会经选举产生后，拥有51个以上议席的政党或联盟将获得组阁权。议会党团协商后提出新的总理候选人，并提交总统同意。而后，该候选人向议会提交新的组阁方案，期限为45天，其间有三次机会。如不能在该期限内完成组阁，总统将解散议会，并确定提前选举的日期。

1994年进行了第一次议会选举。彼得·卢钦斯基任议长。

1998年摩尔多瓦举行第二次议会选举。摩尔多瓦共产党人党获得30.01%的选票，位居第一。杜·迪亚科夫任议长。

2001年第三次议会选举，摩尔多瓦共产党人党以71席获得执政地位，成为苏联解体和东欧剧变后第一个重掌政权的共产党。奥斯塔普丘克任议长。

2005年第四次议会选举，摩尔多瓦共产党人党再次以56席占据优势，提出加入欧盟的设想。马里安·卢普任议长。

2010年11月28日摩尔多瓦提前举行议会选举，产生的议会中席位分配如下：摩尔多瓦共产党人党42席，摩尔多瓦自由民主党32席，民主党15席，自由党12席。由摩尔多瓦自由民主党、自由党和民主党组建的"融入欧洲联盟"获得执政地位。民主党主席马里安·卢普当选议长。

2014年摩尔多瓦选举颇受关注，被认为是对当局外交政策的一次全民公决。摩尔多瓦社会党得票率为20.75%，摩尔多瓦共产党人党得票率为17.71%，右翼的摩尔多瓦自由民主党、摩尔多瓦民主党、摩尔多瓦自由党的得票率分别为19.97%、15.94%、9.53%。按照上述得票率，在新一届摩尔多瓦议会中，右翼三党获得101个议席中的55席并赢得组阁权，左翼两党获得46席。此次选举中，亲俄的摩尔多瓦社会党成为议会第一大党。现任议长是安德里安·坎杜。

第五节　　总统

摩尔多瓦共和国总统最初由全民直选。摩尔多瓦的宪法中曾规定，摩尔多瓦共和国总统由选民根据平等和直接的普选原则以无记名投票方式选举产生。凡年满35岁，在摩尔多瓦境内居住10年以上，熟练掌握国语的摩尔多瓦共和国公民均可被提名担任国家总统职务。总统选举每四年举行一次。从2000年开始，总统任期为五年。在大选中，获得半数以上选票的候选人当选。如果没有一位候选人获得法定的多数票，依规定程序，从第一轮候选人中筛选出两名获选票最多的候选人进行第二轮投票。

2000年7月5日，摩尔多瓦议会以90票赞成的绝对多数对宪法中规定的总统选举程序做了修正。根据半议会半总统制改为议会制的宪法修正案，摩尔多瓦总统不再由全民直接选举，而是由议会投票选举产生，须获得3/5以上（不得少于61票）议员支持方可当选。如果连续三次选举不成功，则解散议会，重新选举。

2016年3月4日，摩尔多瓦宪法法院决定恢复全民选举总统制度。2016年3月5日宪法修正案取消议会总统选举权。摩尔多瓦总统的选举结果由宪法法院确认。同一人不能连续两届担任总统职务。在战争或灾害的情况下，摩尔多瓦总统的任期可延长。

2001年4月，摩共第一书记（后改称主席）沃罗宁当选总统。

2005年3月，沃罗宁再次当选为总统。

2009年4月5日，摩尔多瓦举行第五届议会选举。为了遏制摩尔多瓦共产党人党的势头，摩尔多瓦社会党、摩尔多瓦自由党、摩尔多瓦自由民主党结成联盟参选，但摩尔多瓦共产党人党仍然以绝对优势获胜。反对派拒绝承认选举结果并举行示威抗议。示威活动一度演变成暴力骚乱。新议会中三个反对派拒绝参加总统选举，致使两次总统选举未果。6月10日，摩尔多瓦组成临时政府。15日，摩尔多瓦总统沃罗宁签署命令解散议会，决定7月29重新举行议会选举。

2009年9月11日，已经担任八年总统的沃罗宁辞去总统职务。国家由代理总统管理。

由于执政联盟三党的政治理念和执政思路分歧严重，加之在议会中与反对派摩尔多瓦共产党人党尖锐对立，导致总统选举数度难产。最终历经3年，经过6次推选，才于2012年3月16日选举出新总统尼古拉·蒂莫夫蒂。

2016年11月13日，现任总统伊戈尔·多东当选。

第六节　政府

总统与议会协商提名总理人选。该人选在15日内向议会提交政府工作报告及内阁成员名单，获得议会多数同意后，由总统正式任命。内阁成员向总统宣誓就职。总统依据总理的提议任免个别成员，2016年1月20日总理帕维尔·菲利普就职。

各部委主要有：经济部，青年与体育部，信息技术与联络部，卫生部，劳动、社会保护与家庭部，文化部，教育部，环境部，交通部，农业与食品工业部，地区发展建设部，国防部，外交与欧洲一体化部，司法部，内务部，财政部等。

第四章　军事

　　摩尔多瓦公国时期，常规军队称为"小军"，人数大约1万人，包括皇家军队、贵族武装和雇佣军。"大军"是指在特殊紧急情况下临时召集大部分具有战斗能力的男性公民入伍，人数可达4万人之多。地主和贵族参加骑兵，以剑、矛和盾为武器。农民参加步兵，装备很差，以斧子等农具作为武器。

　　苏联时期，苏联国防部没有在摩尔多瓦境内设置战略武装力量，只驻扎了一个正规师的兵力。当时的摩尔达维亚的居民应征加入苏联军队服兵役。

　　1990年9月4日，摩尔多瓦当局终止1967年开始实施的苏联《兵役法》，开始建设独立自主的国家军事体系。

第一节　国防政策

　　1991年9月3日，摩尔多瓦共和国193号总统令《关于组建武装力量》的发布开启了国家军队建设的历程。这一天成为摩尔多瓦建军节。

　　1992年3月17日，摩尔多瓦共和国通过《国防法》《武装力量法》《摩尔多瓦公民兵役法》《军队和接受军训的公民及其家属的社会保障和法律保障法》等一系列法律文件，构成国家在国防方面的基本政策。

　　摩尔多瓦国防的主要目标是确保国家和人民的安全，按照国际法的准则预防战争和军事冲突，保卫国家独立和领土完整。

　　1994年7月29日，摩尔多瓦共和国正式颁布独立以后的第一部宪法。宪法规定，摩尔多瓦共和国为中立国家，不容许外国在摩尔多瓦领土上驻军，也不容许利用摩尔多瓦领土进攻别的国家。摩尔多瓦不首先对别国发动军事行动。

1995制定并发布《摩尔多瓦共和国军事战略》。该战略具有纯防御性质，规定国家永久保持中立，强调国家的国防力量必须要能够确保军事安全，要加强相互信任措施，在尊重主权独立和不干涉别国内政的基础上扩大互利军事合作。

1997年，国家武装力量的军事体系形成。

第二节　　国防体制

摩尔多瓦共和国总统为武装力量的最高统帅。

武装力量由国防军、边防军和警察部队组成。国防部行使对国防军的领导，边防军总局行使对边防军的领导，内务部下属的警察部队总局行使对警察部队的领导。在和平时期，国防军总参谋部负责制订武装力量的军事训练计划。如遇战争情况，总参谋部在武装力量总司令的领导下，指挥军事单位实施保卫国家的活动。

武装力量总司令由时任总统兼任。现任摩尔多瓦武装力量总司令是多东。

国防部是摩尔多瓦共和国政府16个部委之一，是国家武装力量的领导部门，成立于1992年2月5日。现任国防部部长维奥列尔·契博塔鲁于2015年2月18日就职。副部长是安娜·瓦希拉基。

总参谋部是国家武装力量的直接领导机构，现任总参谋长伊戈尔·戈尔噶于2013年9月就职。

摩尔多瓦领导人在组建国家武装力量的同时，组建了与之平行的另一个国家权力机构的核心部门——国家安全部。摩尔多瓦国家安全部是在1991年9月总统宣布取消苏联摩尔多瓦克格勃以后组建的。原克格勃的大多数军官留任国家安全部的工作，他们宣誓忠于摩尔多瓦和摩尔多瓦人民。苏联解体以后，国家安全构想发生了实质性的变化，克格勃的许多职能已自动消亡。新组建的摩尔多瓦国家安全部主要履行其情报职能。它的主要活动方向是预防和消除危害和影响现有社会制度的行为与事件，同时兼任反走私活动和有组织犯罪的政府职能。1997—1998年，国家安全部在反走私和有组织犯罪的活动中，为国家挽回760万列伊的损失，侦破74起重大刑事案件。摩尔多瓦所处的地理位置和透明的边界线使摩尔多瓦成为反对第三国的理想工作地点。鉴于这一点，摩尔多瓦国家安全部的主要任务是进行反侦察活动，维护领土完整，巩固边防安全。

第三节　军队机构

1992年9月3日，摩尔多瓦国家军队建立。

❖ 一、军队建设

1992年3月17日，摩尔多瓦总统斯涅古尔就任摩尔多瓦武装力量总司令，宣布苏联驻摩尔多瓦的军队、装备和设施归摩尔多瓦共和国所有，并在此基础上组建摩尔多瓦国民军。摩尔多瓦国民军的大多数军事干部是从苏联各部队返回本土的摩籍军官。

1992年，摩尔多瓦部队接收了3 000名返乡军官，其中32名毕业于罗马尼亚军事院校，110名青年军官毕业于独联体国家的军事院校。摩尔多瓦在十分困难的条件下组建本国军队。最初，国防部只有十几名军官。1993年，筹建本国武装力量的第一阶段工作完成时，摩尔多瓦已具备一支有相对的军事指挥系统，并能够执行保卫国家基本任务的常规战斗部队。

和欧安会签署《和平伙伴关系计划》以后，摩尔多瓦开始借鉴西方部队的设置、军官培训、维和部队训练等方面的经验建设部队。1997年，摩尔多瓦部队按北约集团的标准进行军事改革。改革的目的是建立一支具有各军兵种之间相互协调配合能力的职业化部队，同时进一步完善部队的军事装备。也就是说，摩尔多瓦领导试图通过这次军事改革建立一支人员少而精、武器装备达到现代化标准要求的精锐部队。为此，摩尔多瓦军方领导层积极与美国、北约其他成员国和罗马尼亚的军事部门开展合作。合作内容包括定期进行军事代表团互访、派军队干部到西方国家军事院校去进修。为实现军队现代化，摩尔多瓦始终奉行在美国、北约其他国家和罗马尼亚为职业化军队培养高素质干部的政策。

1995—1997年，俄罗斯、白俄罗斯、乌克兰总共为摩尔多瓦培养部队人员254人，美国为摩尔多瓦培训了45名军人，土耳其、意大利、希腊、法国、英国、德国共培养了42人。摩尔多瓦有145名军官在罗马尼亚的中高等军事院校学习。1998—1999年，摩尔多瓦向美国、英国、法国派出17人，向罗马尼亚派出148人，其中包括摩尔多瓦最优秀的飞行员。他们在罗马尼亚使用米格-25和米格-29飞机进行训练飞行，飞行时间为20小时。

《摩尔多瓦—北约特别伙伴关系》计划对摩尔多瓦首先提出民主化、发展法院系统和科学研究方面的义务。只有不多的一部分开支用于军事组成部分，主要涉及北约国家教官对摩尔多瓦军人进行培训。在北约教官的帮助下，摩尔多瓦军队成为世界上第一批摆脱了反步兵地雷的国家之一。

1999年，摩尔多瓦国防部公布了3年改革规划。改革分为两个阶段：第一阶段主要任务是国防部编制体制改革；第二阶段的主要任务是削减军队，逐步实现军队的职业化。

由于摩尔多瓦军队军费不足，军人的生活十分清苦，许多适龄青年不愿意服兵役。如首都基希讷乌1 152名适龄青年中，只有30%的人应征入伍。农村青年成为摩尔多瓦军队的主要兵员。由于农村青年的文化水平低，很难掌握先进的武器装备，从而影响到摩尔多瓦军队的整体军事素质水平。

2008年，立陶宛开始为摩尔多瓦培训初级军官。

2011年，美国向摩尔多瓦无偿提供卡车、医疗车、牵引车等军用车辆80辆。

2012年5月，摩尔多瓦与立陶宛签署国防合作协议。2012年10月2日，美国驻摩尔多瓦大使宣布美国支援摩方160万美元用于军事基础建设。

2014年9月5日，摩尔多瓦国防部部长宣布，将依照北约标准训练士兵和军官。

🏵 二、军队构成

摩尔多瓦武装力量的人员补充采用义务兵役制与合同兵役制相结合的办法。义务兵服役期限为12个月。征兵年龄为18岁，合同兵（志愿兵）为17岁。摩尔多瓦每年征兵2次（5月和11月）。

（一）陆军

陆军包括三个摩步旅，一个炮兵旅，一个独立摩步连，一个独立步兵连，一个特种作战连，一个独立工兵连，一个独立反坦克连。

（二）空军

空军组建于1991—1992年，包括空军司令部、空军基地、地对空火箭团。

空军编有一个混编航空兵旅，1个独立混编航空兵中队；防空军编有1个防空旅和若干支援部队。

（三）海军

1993年12月，摩尔多瓦开始筹建本国海军。摩尔多瓦在里海有4艘军舰。

除上述陆、海、空三军外，在国民军的编制中还包括3支维和部队，分别驻扎在瓦尔尼察、科奇郁尔和科什尼察。

(四) 其他

（1）内务部队（宪兵），隶属内政部

内务部队根据摩尔多瓦总统的命令于1991年12月12日组建。苏联驻摩尔多瓦内务部队的财产和营地移交给摩尔多瓦内务部队。1992年，内务部队中组建一支战术机动部队。这支部队的主要任务是维持社会秩序和守卫惩戒机构。内务部队营地主要设在首都基希讷乌、伯尔齐、索罗卡等22个区。

（2）边防部队，隶属于国家安全部

摩尔多瓦边防军根据1992年6月10日摩尔多瓦国家总统令在苏联边防军摩尔多瓦边防总队的基础上组建而成。建军初期，军队中的干部只有编制的10%～15%，士兵只有30%。同时，苏联留下的装备和沿边界线的通信线路损坏严重，不能正常使用。边防军的巡逻任务十分繁重，仅在摩尔多瓦和罗马尼亚边境一段每年要发生约4 000起偷渡事件。

（3）军事院校

苏联时期，摩尔多瓦境内没有军事院校。本国部队中的军事骨干需送到境外军事院校训练。1993年春季，首都基希讷乌军事学校开学，该校主要培养部队中的初级军官。同年秋季，另一所培养部队高级军官的军事院校开学。

第五章　文化

第一节　　语言文字

　　达契亚人最早于公元前4世纪出现在雅典的奴隶市场，后与希腊人通商，使用希腊货币，操色雷斯方言。文字受相邻的西徐亚人和前4世纪入侵的凯尔特人的影响。历史上摩尔多瓦共和国曾分属于罗马尼亚和苏联。在苏联时期，摩尔达维亚苏维埃社会主义共和国境内通用俄语，只有少数人会使用摩尔多瓦语。摩尔多瓦语属印欧语系罗曼语族东部语支。

一、斯拉夫文字时期

　　中世纪时期，仅有几种公认"神圣的语言"才可以用来书面记录。西方各国普遍使用古拉丁语。欧洲东南部地区还广泛使用古希腊语（即拜占庭语），以及后来取而代之的古斯拉夫语（斯拉夫语被称为东方的拉丁语）。摩尔多瓦深受拜占庭东正教文化影响，建国之初的官方语言就是斯拉夫语。

　　斯拉夫文字的前身是基里尔和梅福迪兄弟在传教过程中于863年创建的格拉戈尔字母。这一年被认为是斯拉夫文字的诞生年。9世纪，斯拉夫文字不断发展和完善，形成新的字母表，被命名为基里尔字母。基里尔字母的几种变体在俄罗斯人、白俄罗斯人、乌克兰人、塞尔维亚人、保加利亚人、马其顿人以及其他民族中使用。在东正教会和天主教会中，圣基里尔和圣梅福迪的纪念日（公历5月24日）被作为斯拉夫文字日来纪念①。

在摩尔多瓦宗教文字主要是斯拉夫文字的古保加利亚变体，行政文字是塞尔维亚变体以及后来的俄-乌变体。

当时的斯拉夫语相当于摩尔多瓦的标准语，不仅用于书写宗教书籍和官方文件，也是摩尔多瓦早期文学作品的成书文字。自然，在这些斯拉夫语书写的书籍和文件中会使用摩尔多瓦语中的词汇。据统计，这类摩尔多瓦词汇超过600个。类似文字的书写者最初是斯拉夫人，后来由摩尔多瓦人全面取代。他们用摩尔多瓦语思维，用斯拉夫语表述思想。这样一来，在摩尔多瓦成文的斯拉夫语作品往往具有一定的摩尔多瓦语的特点。

可见，斯拉夫语的摩尔多瓦变体具有明显的摩尔多瓦语的特有元素，如引进摩尔多瓦语中的专有名词、特有的词法形式和句子模式。

二、双语文字时期

16世纪，特别是17世纪双语书面记录资料在摩尔多瓦很常见。当时贵族或行政管理机构出具的文件中含有的表示爵位的词语以及结束语中的地点、时间、人物等，用斯拉夫语书写，但关于事件的叙述性文字则用摩尔多瓦语书写。这与16世纪中叶摩尔多瓦国内生活密不可分。

三、摩尔多瓦语时期

16、17世纪的私人书信往来就已经几乎全部是摩尔多瓦语。

大量历史、政治、文化方面的书籍被翻译成摩尔多瓦语。有研究表明，流传于特兰西里瓦尼亚的各类宗教书籍都被译成了摩尔多瓦语。第一本此类书籍是译著《训诫》（又称《劝世福音》）。1643年，该书在摩尔多瓦都主教授意下在雅西印刷出版。

早期的摩尔多瓦语译著有着明显的斯拉夫语痕迹，是源于统一地区、统一时期的译本，被奉为学习古斯拉夫语和摩尔多瓦语的优秀教科书。彼得·赫罗卯伊二次当政期间（1578—1579）首度出现摩尔多瓦语官方文件。在邻国瓦拉几亚公国这一进程则稍晚，为"勇敢者"

---

① 戴桂菊.俄罗斯文化[M].北京：外语教学与研究出版社，2010:185.

米哈伊在位期间（1593—1600）。

16世纪末—18世纪初，这一时期的作者不再隐瞒自己的姓名，摆脱宫廷或买家的控制。编年史编撰者使用摩尔多瓦语随心所欲地写作。出现最早的研究摩尔多瓦语的著作，比如乌列柯的《我们的摩尔多瓦语》、科斯京的《论摩尔多瓦语》。后者还完成第一部摩尔多瓦语的民族史研究著作《摩尔多瓦的氏族》。

四、俄语时期

1940年6月，苏联将比萨拉比亚纳入苏联版图。同年8月，在摩尔达维亚自治共和国和大部分比萨拉比亚的土地上，建立了摩尔达维亚苏维埃社会主义共和国，并加入苏联。1938年3月13日，苏联人民委员会通过《关于在民族共和国学校必修俄语的决议》，要求中学毕业生必须掌握俄语。1940年8月12日，刚刚成立的摩尔达维亚苏维埃社会主义共和国人民委员会就通过了该决议，并很快（同年9月23日）做出决定，从1941年1月1日起，摩尔多瓦语的书写方式由拉丁字母改为基里尔（俄文）字母。这些变化意味着，苏联政府有意让少数民族学生尽快掌握俄语，使少数民族语言向俄语靠拢。

随后，苏联的语言政策明显偏重俄语，与其他少数民族语言的命运一样，摩尔多瓦语的生存空间遭到不断压缩，如从1946年起，许多农村学校开始用俄语教学，并把摩尔多瓦族学生从摩尔多瓦语学校转入俄语学校，摩尔多瓦语学校数量锐减。在苏共颁布《关于加强学校与生活联系和进一步发展国民教育制度纲要》（1959年11月）后不久，摩共中央通过《关于改善共和国中学俄语教学状况和措施的决议》，要求把俄语教学质量提升到更高水平，并且要展现出对俄语语言文学的热爱。

五、摩尔多瓦语、俄语双国语地位

1989年8月，摩最高苏维埃通过《摩尔达维亚共和国国语地位法》，规定摩尔多瓦语为国语，俄语为族际交际语。独立后的摩尔多瓦共和国独立初期继续沿用1989年的《摩尔达维亚共和国国语地位法》。为了强化新独立国家意识和民族文化认同，1991年通过的《摩尔多瓦独立宣言》明确提出，尽快将教育、公文事务、出版等领域使用的语言转为摩尔多瓦语（摒弃俄语）。1994年通过的《摩尔多瓦共和国宪法》，则再次确立了摩尔多瓦语的国语地位。

20世纪90年代中后期，因确立摩尔多瓦语为国语而引发的冲突逐渐消减，摩政府通过《非主体民族公民国语学习纲要》，进一步加强国语的地位和使用范围，并对《摩尔达维亚苏维埃社会主义共和国境内语言功能法》第7章和《国语水平测试方法》中公职人员的语言职责进行修订，要求国家机关、工会、政治及社会组织、企业、科教、文化、医疗、交通等领域的领导在工作中义务使用国语，要求掌握国语的人员名单中，还包括大众传媒和对外经贸工作者。

2001年7月，宪法法院通过《少数民族及其组织法律地位法》，该法重申了俄语成为官方语言的条件，这被视为在赋予俄语第二国语地位道路上迈出的第一步。2001年年末，执政的摩尔多瓦共产党人党向宪法法院提交关于赋予俄语第二国语地位的法律草案，要求在摩境内自由地使用俄语，公民应该同时掌握摩尔多瓦语和俄语。然而，提高俄语地位的意图引发了民众的抗议。2002年6月，宪法法院通过决议，宣布摩尔多瓦语为国家唯一国语，否决了议会有关俄语与摩尔多瓦语同为国语的草案。这就意味着，争取俄语第二国语地位的努力彻底失败。2013年3月底，执政的摩尔多瓦自由党甚至向议会提交关于剥夺俄语族际交际语地位的草案。

在摩尔多瓦的实际生活中，俄语仍然是社会基层中广泛使用的语言。全国几乎没有人不会俄语。日常生活中，许多人习惯说俄语，知识分子讲起专业来，也只会用俄语表达。全国有32%的人认为俄语是母语，全国各地的图书馆藏书以俄文书籍为主，国家图书馆中摩尔多瓦语图书只占总藏书量的17%。俄语所具有的广泛社会基础，使社会各阶层纷纷要求把俄语作为与摩尔多瓦语平等的法定"通用语"。现在，摩尔多瓦政府实行灵活的政策，实行双语制，即摩尔多瓦人同时使用摩尔多瓦语和俄语。摩尔多瓦的官方文件、新闻媒体均以摩尔多瓦文为主，同时使用俄文。许多报纸是俄文和摩尔多瓦文两个版本。街头许多商店的招牌也是用摩尔多瓦文和俄文两种文字书写。电台采访领导人时，先说一遍摩尔多瓦语，然后再说一遍俄语。学校分为摩尔多瓦语学校和俄语学校，儿童基本上是双语混用。同时，政府也放宽了对只会俄语的公职人员的要求，一再推迟公职人员必须通过摩尔多瓦语考试的期限。

第二节　文学

摩尔多瓦文学历史悠久，成绩斐然。如果不算民间口头创作，那起源可以认为是14世纪。作为摩尔多瓦文化最重要的组成部分，摩尔多瓦文学反映了摩尔多瓦人民及其国家的历史，包括各时期不同社会阶层的生活、主流思想、道德规范和审美情趣、国家利益和使命。文学是民族精神和自我意识、民族心理和性格特征的最佳载体。摩尔多瓦文学完美呈现了其独特的民族魅力，成为世界文学宝贵的组成部分。

摩尔多瓦书面文学是以丰富的民间口头创作、礼仪诗歌、童话、英雄史诗、历史歌曲、民间传说等为创作源泉的。最早的书面文学创作出现于9—10世纪交替之际，用教会斯拉夫文字书写。在17世纪以前，教会斯拉夫文字一直是修道院和宫廷使用的官方文字。摩尔多瓦历史上大量的宗教和历史文献均是用这种文字书写的。摩尔多瓦早期的文学是以编年史的形式出现的。

根据历史阶段、社会制度、文学流派、创作手法、形式和体裁，摩尔多瓦文学可以分为民间文学（口头文学）、中世纪文学、18世纪—19世纪文学、20世纪文学（战前文学，二战文学）、现代文学、后现代文学。

✿ 一、民间文学

民间文学是集体创作的一种，口耳相传，世代相袭。基本特点是匿名性、集体性、传承性、多版本性和混合性。著名的民间文学传播人有特里番·巴尔泰老人、康斯坦丁·达拉班、尼古拉·普列什卡等，为摩尔多瓦非物质文化遗产做出了杰出的贡献。

摩尔多瓦民间文学分为两大类：仪式类和非仪式类。仪式类是诗歌创作，用于庆祝时令节日、民间戏剧表演、播种时的祈福以及婚礼庆典、交游和谅解等家庭日常仪式。

非仪式类包括：诗歌形式的历史英雄歌曲、叙事诗、抒情歌曲、谚语俗语、童谣等；散文形式的传说、童话、寓言、故事和笑话。

叙事诗，是指抒情叙事歌曲，可长可短。这一术语最早由瓦西列·亚历山德里引入民间文学领域。最著名的叙事诗是牧羊曲《弥奥莉莎》。据考证，这首歌曲出现于12—13世纪，是见证摩尔多瓦人民族属性的最早证据之一。1846年，它由作家阿列库·卢梭首次以文字形式记录，被认为是摩尔多瓦乃至罗马尼亚民间文学的瑰宝，在一些地方作为节日游行庆典歌曲。据统计，该歌曲的变种有930余种之多。

诗歌内容描写的是三个牧羊人在牧场发生冲突。其中一个牧羊人富有、聪敏、幸运，引起另外两人的嫉恨，密谋在日落时分杀死他。神奇的会说话的小羊弥奥莉莎告诉牧羊人。诗歌并没有表明诡计是否得逞，但牧羊人对于死亡的态度却表露无遗。这是诗歌最打动人心的地方，引起读者对牧羊人命运的同情。诗歌的抒情部分是牧羊人的遗言，他留给老母亲一条丝腰带，希望她不要太伤心。诗歌就此结束。在一些变种中提到谋杀的原因不是夺取羊群，而是要惩罚其工作不力。还有一说是因为牧场风俗是不允许女人待在羊圈，但牧羊人却要结婚，所以只能杀死他。牧羊人预感到死亡的降临，希望被葬于牧场旁边。

诗歌的寓意颇引争议，一般认为是表达了对宿命的妥协。有学者认为这是摩尔多瓦人典型的心理特质。还有学者从文中的冥婚仪式描写出发，认为牧羊人虽然无法改变命运，却把自己的死亡变成一场规模空前的盛大婚礼，是对命运的嘲笑。

《马诺列师傅》（又名《阿尔杰什修道院》）讲的是马诺列和其他工匠一起受将军命为修道院建围墙，但奇怪的是他们白天修建的围墙晚上就塌掉。无可奈何的马诺列停下工作休息，在梦中听见来自上天的声音，建议他把来送饭的妻子或者妹妹砌于墙中。早晨，马诺列登高远眺，发现来送饭的是自己的妻子安娜。于是他祈祷上帝刮风下雨，阻止妻子的脚步。可是安娜对丈夫的爱战胜了一切艰难险阻，终于来到马诺列身边。众人十分高兴，把她砌进墙里。马诺列不顾妻子的苦苦哀求和眼泪，亲手筑起围墙。在爱情与职责之间他选择了职责。将军对修道院很满意，但工匠们自寻死路，夸下海口说还可以修建更漂亮的建筑。将军面子上过不去，命人撤掉支架，把工匠留在房顶。工匠们制作翅膀，飞下来，都摔死了。在马诺列死去的地方流出汩汩清泉，仿佛是安娜的眼泪。很多作家以这一故事为蓝本创作自己的作品。这一故事具有神话传奇色彩，却是有事实依据的，在建筑行业存在供奉牺牲的祭祀习俗。

民间文学专家安德烈·恩库将叙事诗分为传统叙事诗和新诗。传统叙事诗基本是牧羊情节，如《少女与蛇》《失羊者》《弥奥莉莎》《牧羊人与小偷》等。

二、中世纪文学

（一）摩尔多瓦—斯拉夫文学（14—16世纪）

这一时期的文学创作依附于修道院、皇家宫廷和权贵，所以自然表达统治者的利益，宣传统治者的理念和思想，借以巩固封建制度和国家。整体上体现混合性、功能性、缺乏艺术性，但也不乏优秀作品。

摩尔多瓦-斯拉夫文学是最早的摩尔多瓦书面作品，直接反映了当时的历史环境以及该环境下摩尔多瓦民族的确立、封建国家的形成。几百年来，摩尔多瓦人的祖先一直与斯拉夫各族比邻而居，进而引进了东正教、教堂以及斯拉夫文字。因此14—16世纪的摩尔多瓦成为拜占庭斯拉夫文化的圣地，出现大量《圣经》和文学读物、哲学作品和神学解读、描写圣人生平的传记、民间故事、历史故事以及语文研究类文献、法律文献等等。

在此基础上14世纪末15世纪初诞生了独立的摩尔多瓦文学，虽然最初依然使用斯拉夫文字。当然，早期的摩尔多瓦文学还欠完善，不成体系，只是一些偶发的教会歌曲、祷告词等。最早的此类作品是戈利高里·察勃拉克的《新圣约翰传》（1402年）。

15世纪末，斯特凡大公统治期间，出现了多部摩尔多瓦编年史，有《毕斯特利沙编年史》《普特纳大事记》《马卡理编年史》《耶夫基米编年史》《阿扎理编年史》等。

《毕斯特利沙编年史》因在毕斯特利沙修道院发现而命名，成书于16—17世纪，记录之前的史料，大概始于1304年。该书详细记载了1359—1507年的重要历史事件，部分稿页遗失。其中对斯特凡大公在位期间的记录是目前现存资料中描写最为准确、客观、正规的。该书是摩尔多瓦-斯拉夫文学的早期原创作品，极其珍贵。

《普特纳大事记》由普特纳修道院的一名修士于1466—1525年根据当时记录编撰而成，因此得名。内容大致分为两个阶段：第一部分是从摩尔多瓦建国到1456年彼得·阿隆时期；第二部分是从斯特凡大公登基到1526年盲眼波格丹的儿子彼得去世。

《马卡理编年史》的作者是马卡理修士，成书于彼得·拉列什在位期间，目的是为这位统治者歌功颂德。马卡理的作品是真正意义上的文学性编年史，是摩尔多瓦-斯拉夫文学史上这种新体裁的第一次成功尝试，其本人被称为"摩尔多瓦之师"。

《耶夫基米编年史》是修道院院长耶夫基米受当时统治者列普世年之命，续写的马卡理编年史。两者的作品与其说是历史文献，不如说是文学描写，文中充斥着大量华美辞藻，有歌功颂德之嫌。

《阿扎理编年史》的作者阿扎理受命于彼时统治者彼得二世而编写史书。作者继承马卡理的写作方式，加入本人亲身经历的历史事件。

（二）17世纪文学

摩尔多瓦中世纪文学于17世纪达到巅峰。撰写史书的任务不再局限于宗教人士。这是国内文化和文学发展的必然趋势，同时也是摩尔多瓦与俄罗斯、乌克兰文化交流的结果。来自利沃夫、基辅、莫斯科的官员和出版商开启了摩尔多瓦的印刷业。

17世纪最优秀的作品属于乌列柯和米隆·科斯京，他们是贵族历史学家的代表。与修道士不同，他们是人文文化大师、历史学家、狂热的思想家和政论家。其尖锐的评判思想、远见卓识已经超越了他们所在的时代。高超的文学素养使他们的史书具有高度艺术性。他们运用口头创作的优秀传统，大量使用典故、谚语、俗语以及鲜活的口语词汇。乌列柯的代表作品是《摩尔多瓦公国纪事》。这部作品记录了从摩尔多瓦建国开始（1359年）到1595年的重大事件。这部作品的续编（续至1661年）由米隆·科斯京完成。

传统的史书编写被纯历史学取代，出现诗歌体创作，如科斯京的《论摩尔多瓦人的起源》《平静的生活》。

这一时期的杰出人物当属瓦拉姆（约1590—1657）——摩尔多瓦印刷之父。他是文化活动家、作家、宗教翻译家。他精通斯拉夫语，以其为基础发展摩尔多瓦民族文学。他的主要著作是与宗教相关的史书。他被摩尔多瓦大公米龙·巴尔诺夫斯基称为"灵魂导师"。他曾出使莫斯科一年，收集俄罗斯文化，尤其是东正教传统的相关资料。他途经基辅时，在比丘拉修道院停留。1629年他被任命为苏恰瓦都主教，1632年当选为摩尔多瓦都主教。

瓦拉姆利用自身宗教地位服务于当时的国家统治者瓦西里·卢普，是摩尔多瓦启蒙时代的宗师。1640年，他开办摩尔多瓦第一所大学——雅西学院，终生致力于宗教语言本地化，推广摩尔多瓦文字，建立摩尔多瓦第一家印刷所，出版摩尔多瓦文书籍，既有翻译的宗教典籍，也有世俗作品《卢普法典》。

瓦拉姆最重要的作品于1643年出版，是摩尔多瓦标准语的奠基之作。

多索夫捷是17世纪的伟大爱国者，反抗奥斯曼帝国统治的斗士。他出身于商人家庭，通晓文法、修辞学和诗学，掌握希腊语、拉丁语、斯拉夫语、乌克兰语、俄语、波兰语等多种语言。1671年，他于47岁时当选摩尔多瓦都主教。他致力于恢复印刷业，翻译典籍。他的代表作是《圣人传记》（4卷本，1682—1686）等。他与俄国保持文化和政治联系。1684年，他出使莫斯科时，曾请求当时的沙皇帮助对抗奥斯曼帝国。他坚持摩尔多瓦语创作，所著诗集是现代诗歌典范。

摩尔多瓦著名的驻俄文化活动家尼古拉·米列斯库从1671年起出使莫斯科。1675—1678年他曾被沙皇政府派往中国。这次中国之行促使他完成了《亚洲写实》和《中国漫记》两部关于东方国家的著作。米列斯库在摩尔多瓦人心目中享有民族圣人的地位，他的《中国漫记》于1990年在中国翻译出版，被读者誉为"中国古老文明的一幅才华卓绝的壁画"。

18世纪的经济衰退和文化断层造成文学低潮。17世纪的瓦拉姆、多索夫捷、乌列柯、科斯京的优秀民族语言作品孕育了19世纪的伟大作家，为摩尔多瓦现代标准语的形成奠定了坚实的基础。

❦ 三、18—19世纪文学

（一） 18世纪文学

18世纪摩尔多瓦的文学代表人物是迪·康特米尔（1673—

1723）。他是一位百科型学者、伟大的人道主义作家、著名的政治和国务活动家。他使用摩尔多瓦文、俄文、拉丁文进行创作。在他的著作中最有影响的是讽喻体小说《象形文字的传统》（1705年）、《摩尔多瓦历史、地理和政治记述》（1714年）、《奥斯曼帝国的崛起和衰落》（1717年）、《罗马-摩尔多瓦瓦洛赫人古代编年史》（1722年）、《穆斯林宗教史》（1722年）等。这一时期，另一位伟大的编年史学家是伊昂·内尼库尔切。他的名著《1661—1763年的摩尔多瓦国纪事》用极其优美的语言记述了史实。

18世纪末，摩尔多瓦抒情诗复兴，同时从俄文和法文翻译过来的许多外国文学作品在摩尔多瓦广泛传播。

（二）18世纪末19世纪初文学

18世纪末19世纪初是摩尔多瓦文学发展的新阶段，完成从中世纪文学向古典文学的进化。史书让位于新闻、历史故事、史诗类创作。半民间半文学的作品折射出对人的崭新态度，反映了作者对事物的真实态度，展示独特的艺术观点和成就，构成并促进了摩尔多瓦文学的发展。

这一时期出现了本土作家原创文学作品。一反之前文学中的宗教精神和道德说教，这一时期的作品表现出对女性的深沉情感，除了恋爱主题，渐渐出现自然、爱国主题。18世纪末出现讽刺体裁，多以人性、思想、民族命运和母语为主题。

这一时期的文学成就虽称不上非凡，却开启了新文学纪元。从此摩尔多瓦文学开始关注人的情感和心理，以书面形式表达对当时人们和外部世界的态度。主要作家有马捷伊·米罗（《讽刺谜语》）、康斯坦丁·坎塔库基诺（《一声叹息》）、科斯塔克·康纳吉（《女子法庭》《爱的魅力》《回信》）、尼古拉·季玛基（《三个女人一台戏》《家庭会议》）等。

这一时期的代表人物为威尔纳夫·捷尔朵尔（1801—1868），作家、诗人。他的代表作是讽刺作品《贪婪的邻居》。他的自传体小说《我的一生》（1845年）是第一部摩尔多瓦语传记文学，于1908年公布于世，是研究19世纪初生活的重要史料。

科斯塔克·康纳吉的《诗的艺术》是摩尔多瓦第一部研究诗歌艺

术创作的论著。

（三）新文学

1.19世纪上半叶

比萨拉比亚并入俄国以后，十二月党人的思想和普希金的诗歌获得广泛传播。普希金在基希讷乌居住期间，对摩尔多瓦文学发展起到了巨大的推动作用。

19世纪上半叶的摩尔多瓦作家中有 A.赫日杰乌（1811—1874），他是一位用俄语写作的爱国诗人。阿萨基（1788—1869）进行的全国启蒙活动在民族文化史上留下了不可抹灭的功绩。根据他的倡议，从1829年开始出版第一份摩文报纸——《罗马蜂》。

1840年，《达契亚文学》杂志问世，主编是米哈伊尔·柯盖尔尼强努。该杂志在新文学运动中起了决定性作用。杂志刊首语成为建设民族传统与进步文学相结合的新文学的纲领性文件。杂志《文学对话》是新文学的主要阵地。

康斯坦丁·涅戈鲁茨的创新小说《亚历山德鲁·莱普什年努尔》取材于经典古籍，是摩尔多瓦文学创作的真正典范。

瓦西列·亚历山德里（1821—1890）是摩尔多瓦语和罗马尼亚语双语作家，参加1840年革命运动，积极支持多瑙公国合并，宣扬为自由而战。他还是外交官，曾任摩尔多瓦外交部部长、科学院院士。1855年他创办《罗马尼亚文学》，支持新文学体裁，整理出版民间故事和歌谣，享誉全球。他著有诗歌集《开满铃兰的山谷》《我们的勇士》，独创一种诗歌体，描写田园生活，歌颂大自然美景。他也是摩尔多瓦第一位民族剧作家，著有喜剧《雅西狂欢节》，剧集多以古代历史和民族历史为创作素材。他著有散文游记《路标》、浪漫主义作品《佛罗伦萨的卖花女》《一枚金戈比》。他出版两卷本《民间诗歌（古老的歌谣）》，享誉国内外，被译成法文、英文和德文。他几乎规范了全部文学体裁和种类，被认为是摩尔多瓦新文学的奠基人之一。

阿列库·卢梭（1819—1859），作家、文学理论家。他搜集整理并解释民间文学。他主要进行法文写作，著有《追忆》《椴树崖》，散文诗《罗马尼亚之歌》，针砭时弊的文章《1840年的雅西市及其居民》。他是摩尔多瓦第一位文学批评家，著有《批评的批评》，强调必须发展民族文学，认为民间文学和历史是重要的文学创作素材，在自己的作品中阐明艺术的社会功能、传统的意义、民间创作的价值。他的作品全部被译成摩尔多瓦语。

2.19世纪下半叶

19世纪70—80年代，以浪漫主义诗人米哈伊·埃米内斯库（1850—1889）为代表的欧式诗歌创作风行，对后世摩尔多瓦文学和罗马尼亚文学的变革产生巨大影响。他有许多经典之作，如《金星》《第三封信》《天使与魔鬼》《不成双的白杨》《心愿》《多少星辰》。他的抒情诗因韵律和谐，有音乐美感，多被谱成歌曲。他认为真正的文学必须以鲜活的民间语言为基础，依靠传统风俗和历史。他是欧洲浪漫主义作家之中的杰出代表之一。在他的诗歌中反映出了时代的复杂和矛盾。作者的人道主义理想、反对暴力、抨击社会不公正的美好愿望，洋溢在每一部作品的字里行间，堪称世界文学大师。

阿列克谢·马捷耶维奇（1888—1917），诗人、神职人员。他从民间故事中获取灵感，创作出了激昂慷慨的诗歌《我放声高唱》《野兽之歌》《农夫》《祖国》《我们的语言》，抨击了对农民的剥削奴役，号召他们争取自由和土地，深情歌颂摩尔多瓦人的痛苦与希望，赞美摩尔多瓦语言，描写斯拉夫语的影响，表达了作者对母语的热爱。

扬·克良格（1839—1889）擅长创作童话和故事。他的处女作童话《一婆三媳》以讽刺的笔触在童话情节中暗示了现实的背景。作者熟练运用口语，赋予民间俗语、谚语新活力，是文学创作的创新之举，这使他的民间文学性质的童话写作带有史诗般的色彩。他的代表作《童年的记忆》以农民为主人公，描写乡村日常生活，反映广大人民群众的利益和期待。此外，他还编写教科书。

这一时期的众多作家本身又是翻译家，大力推广俄罗斯文学、文化，文学创作受到俄罗斯文学传统的影响。如亚历山大·多尼其（1806—1865），寓言作家、翻译家。他致力于发展摩尔多瓦民族教育、新闻和戏剧。他出版两部《寓言》（1840、1842），被称为"智慧之源"。他还创作有诗歌喜剧《话痨》，曾翻译普希金的《茨冈人》。

康斯坦丁·斯塔马基（1786—1869），作家、翻译家。他与流放于比萨拉比亚的普希金结识，翻译了《高加索俘虏》《囚徒》等大量作品。他还翻译捷尔察文、莱蒙托夫、茹科夫斯基等人的诗歌以及克雷洛夫的寓言。他最宝贵的创作是历史题材作品，著有《15世纪的苏恰瓦和仁者亚历山大》《摩尔多瓦大公》《斯特凡大公和他的勇士》。他还著有俄文著作《比萨拉比亚的古堡》(1850)。

康斯坦丁·斯塔马基-丘良（1828—1898），作家，剧作家，诗人。他的处女作是《1853年的彗星》，他于1854年发表的俄文作品《比萨拉比亚狩猎记》受到了果戈理和屠格涅夫的影响。他还著有散文集《乡村生活一瞥》（1857）。他的作品以法文、德文在维也纳发行。他的大部分剧本《五月虫》《胆小鬼》《玛格达林娜之罪》都涉及家庭生活题材。他最成功的作品当属《莱蒙托夫之死》（1885），受到高度评价。19世纪，他的戏剧在敖德萨等地的剧院上演。时至今日，根据其作品改编的戏剧《乡村戏子》仍然是国家剧院的保留节目。

约昂·肆尔布（1830—1868），寓言家、诗人。他的大部分作品是对俄罗斯寓言的改写。其诗歌《深深误解……》《忧伤》《公平》《摩尔多瓦》受到当时俄罗斯文学批评界的好评。他的著作是19世纪唯一在比萨拉比亚出版的摩尔多瓦语文学作品。由于其居住地对摩尔多瓦语的排斥，他的摩尔多瓦语说不上尽善尽美，但其摩尔多瓦语译作和创作对本地区与本民族的文化传承具有重要意义。

哈什德伍·波格丹（1838—1907），散文家、诗人、剧作家、语言学家、历史学家、民间文学学者。1852年他首发爱国主义诗歌。他还创办私人杂志，主推历史语言学方向。他著有《罗马尼亚历史档案》《罗马尼亚批评史》。他在语言学方面著有《古辞》《大词典》，其学术成果得到外国同仁的认可。他是语言研究学派的创始人，追溯摩尔多瓦语的历史演变脉络，划分民间文学的种类，奠定其学科基础，总结搜集民间创作的现代方法，对乌克兰、意大利、塞尔维亚、保加利亚等民族诗歌均有涉猎。他的《大词典》集历史、语文、语言、文学和地理知识之大成，堪称百科全书。他是19世纪下半叶的杰出人物。

这一时期出版发行的报刊《摩尔多瓦人》《摩尔多瓦言论》《比萨拉比亚之声》为振兴民族文学，推广本土作家原创做出了重大贡献。

《现代人》杂志（1881—1891）对加强摩尔多瓦和俄国在19世纪最后25年的文学联系方面起着重要的作用。在这本杂志中，摩尔多瓦人第一次领略到了现实主义的描写手法和作家B.克莱谢斯库（1850—1917）的作品，以及民间作家的代表人拉利·阿尔勃列（1848—

1933）的代表作《监狱和流放》《流放》。

社会主义和爱国主义的激情对民间文学和外国文学的借鉴是19世纪文学对摩尔多瓦文学的最大贡献，为20世纪新文学的发展奠定了坚实的基础。

四、20世纪文学

（一）战前文学

1. 比萨拉比亚时期文学

比萨拉比亚时期文学具有抗议性质。代表作是艾米里昂·布克夫的《太阳的功能》《中国》，安德烈·卢潘的诗歌《父亲》《英雄主义》《大学生的真相》，亚历山大·罗伯特的《孤独的梦》，理韦·杰列昂的《魔镜》《白沼泽》，尼古拉·科斯金克的《时钟》，伊斯特尔·波格丹的《诅咒》。

杂志《比萨拉比亚生活》宣传现实主义文学，具有明显的民族地域特色，是该地区信仰的宣传阵地。它成为摩尔多瓦的"信仰之肺"，复苏了摩尔多瓦被压抑百年的精神追求，推广了摩尔多瓦族作家或精神上贴近这一地区的作者的作品，庇佑了大批进步作家。

2. 摩尔达维亚苏维埃社会主义自治共和国时期文学

这一时期的文学作品继承了俄国十月革命时期诞生的民族文学中的民主主义传统。重要角色是文学杂志《红色庄稼人》，刊登摩尔多瓦文学作品以及苏联、乌克兰作家的译作。

1928年，东方作家协会创立，发行杂志《摩尔达维亚文学》。有影响的中短篇小说有：Д.米列夫（1887—1994）的《戈里采叔叔》和《萌芽》（1928）；Н.马尔科夫的《党在召唤》（1935）、《宝贝》（1936）；Н.马尔科娃（1903—1941）和Т.马拉亚（1890—1942）的叙事长诗《瓦卢采的橡树》（1928）；Л.科尔尼亚努（1909—1957）的《蒂拉斯波尔》等。这些作品均以20世纪二三十年代的社会主义运动为背景，讲述了现代人在国内战争时期的丰功伟绩，创建第一批集体农庄、文化革命中的成长故事。

斯大林时期的个人崇拜使文学政治化。党中央、作家代表大会制定了一系列方针政策，设立国家安全监督和审查机制，对作家进行监管。30年代末40年代初作品有小说《生命的光辉》《年轻的声音》《小姐与仆人》，也出现了反映集体化、工业化、电气化进程的现实主义戏剧和儿童文学。儿童文学杂志《列宁的火花》发行。国家出版社出版了大量描写十月革命、列宁、国内战争、建设社会主义和社会主义新人、比萨拉比亚劳动人民为回归苏联的斗争的书籍。

3. 摩尔达维亚苏维埃社会主义共和国时期文学

1940年，摩尔达维亚苏维埃社会主义共和国成立。尼斯特鲁河与普鲁特河流域地区的作家为摩尔多瓦文学注入了新鲜血液。

约恩·布兹杜甘（1887—1967），诗人、民间文学家、政论家。他的著作有《比萨拉比亚之歌（第一卷）》（1921）、《芳草地》（1922）、《比萨拉比亚之歌（第二卷）》（1928）、《岁月的牧者》（1937）。他翻译普希金的《叶甫盖尼·奥涅金》以及叶赛宁、布宁等诗人的作品。他是比萨拉比亚作家协会的创始人之一。他的诗歌深受古歌谣、传说故事和民间歌曲的影响，向祖国、向历史、向传统和民间文学致敬，极具个人风格。

康斯坦丁·斯泰莱（1865—1936），散文家、传记作家、时事评论家。他支持俄国民粹运动，曾因革命活动被捕，1886—1892年被流放西伯利亚。他著有8卷本史诗级小说《革命前夜》（第9卷未完结）。作者以细腻的笔触描绘乡村美景、德涅斯特河风光、田园农耕生活，初具梦幻现实主义特色，幽默而讽刺。作品堪称摩尔多瓦版的《战争与和平》。这部作品语言优美，在摩尔多瓦文学史上具有里程碑意义。

尤·丘班努（1883—1950），文学史家、时事评论家。1912年，他在俄文杂志发表研究文章《圣母传说里的阿拉赫娜之谜》《罗马尼亚的圣母传说》《摩尔多瓦都主教及其文学活动》（1915）。他关注摩尔多瓦和俄国在中世纪时期的文化联系，著有《德米特里·康泰米尔在俄国》（1925）、《比萨拉比亚》（1926）等。他致力于研究罗马尼亚语言和文化的起源，著有《罗马尼亚文字考源》（1941）、《罗马尼亚古代文学史》（1947）。1912—1947年他发表大量16—18世纪文学界的研究论文。

（二）第二次世界大战时期文学

第二次世界大战为作家们提供了更为广泛和丰富的创作素材，涌现出一批部队作家。在第二次世界大战中，这些作家以报纸《社会主义摩尔多瓦》为园地，坚持创作。战后是摩尔多瓦文学大发展时期。诗歌在很长一段时间里居主导地位。布科娃的长篇史诗《安德里叶什》（1946）和《我的祖国》（1947），卢潘的《被遗忘的村落》（1940）和《面对面》（1945），伊斯特鲁的《喀尔巴阡山之春》（1955），麦纽克的《曙光之歌》（1948），杰利亚努的《青春永驻》（1950），克鲁切纽克的《母亲》（1952），波诺马利亚的《友谊》等是这一时期的代表作。这些作品大多反映了摩尔多瓦人民反抗法西斯侵略者，争取和平的斗争。这批作家为在摩尔多瓦文学中确立现实主义的创作风格起到了重要的作用。

五、现代文学

摩尔多瓦现代文学继承了20世纪的优良传统，作家同时进行多个领域和多个体裁创作，大多数作家兼为剧作家、诗人、政论家。年轻作家大批涌现，还有待时间考验。

这一时期的作品出现宗教主题和禁忌历史主题：洗劫摧毁教堂和修道院，个人崇拜时期的犯罪以及20世纪90年代混乱时期（自由主义、政府腐败、吸毒卖淫、贩卖人口等）。

约恩·德鲁才（1928—），曾在《苏维埃农民报》工作并发表系列报道。他创作了诗歌系列《祈祷》。他致力于戏剧创作，作品先后搬上基希讷乌乃至莫斯科的舞台，如《我们的青春小鸟》（1972）、《圣中之圣》（1977）。他用诗意的哲学眼光看待世界，他的戏剧作品主人公和情节冲突独具一格，艺术表现手段新颖，受到观众和专业人士的好评。此外，他还将自己的原创小说改编为剧本。主人公对话富于表现力，与作品创作意图相互呼应。他的戏剧深受广大读者和观众的喜爱。1965年根据他的剧本拍摄的电影《晚秋》在阿根廷国际电影节获得多个奖项。1967年他作为作家和剧作家荣获摩尔达维亚国家奖，获得红旗劳动奖章（2次）和民族友谊奖章。1988—1990年他任摩尔多瓦作家联盟主席，1992年起为科学院通信院士。他的戏剧的魅力在于，每个人都能感受到作者的内心，却无法在舞台上准确无误地表现出来。他塑造的人物形象是深刻的，善于和世界进行最深层次的交流。

彼得鲁·凯拉莱（1935—），诗人、散文家、剧作家、翻译家。他先后出版讽刺诗集《太阳的牙齿》（1962）、《野蔷薇》（1965），作品针砭时弊，语言犀利。他创作的剧本《上帝的影子》于1970年上演，后被禁。他的著作《暗箭》也受到打压。但这却进一步激励作者创作出大量幽默讽刺的作品《伞》（1971）、《春潮》（1979）、《太阳雨》（1984）、《男人心事》（1991）。

安德烈·斯特雷姆卜努（1935—），作家、剧作家、诗人、编剧。他曾任《摩尔多瓦青年》《文化》杂志编辑，先后在国家影视管理局、摩尔多瓦电影制片厂、文化部戏剧司任职。1997年他荣获政府奖章。他的第一部诗集于1963年问世。1967年他出版诗集《新娘》，第二年在莫斯科发行俄文版。他创作的众多剧本在首都基希讷乌各剧院上演。他还为著名作曲家的知名曲目配词。他的散文在芬兰、法国、立陶宛、亚美尼亚、格鲁吉亚等多国出版。他四次参加全国剧本大赛并获奖(1979，1989，2001，2002)，2004年他的《斯特凡大公的母亲》获唯一大奖。

约恩·哈德尔凯（1949—），诗人、翻译家、时事评论家。他积极参与民族解放运动（1986—1996），是摩尔多瓦人民阵线的第一任领导人（1989—1992）、第一届国民大会主席（1989）、苏联人民代表大会代表（1989—1991）、摩尔多瓦共和国议会代表（1990—1998）、国家议会第一副会长（1990—1993）。他先后出版诗集《日子》（1997）、《陶器》（1984）、《语言天赋》（1985）等。他的诗被译为俄、乌、法、哈、英、意、匈、白、保等多种语言。他曾发表政论文章《政治舞台上的假象》（2000）、《野蛮时代》（2005），儿童文学作品《牧羊人》（1981）、《白点》（1985）、《三圣一》（1999）等。他先后将塞万提斯、普希金、莱蒙托夫等人的作品译成摩尔多瓦语，荣获国家青年奖（1979）、雅西市图书展奖（1998）、摩尔多瓦作家联盟奖（1998，2002）。他的《三圣一》和《会飞的奶奶》分别于1999年和2002年荣获基希讷乌国际儿童图书展"年度最佳图书"称号。

谢拉斐姆·萨卡（1935—）著有短篇小说集《为时已晚》（1968）、长篇小说《海关》（1972）、人物专访集《此时此地》（1976）。他因作品含有敏感话题而受到管制，转而翻译奥斯特洛夫斯基、高尔基、普希金、布尔加科夫等人的作品。直至1987年他才有作品《吃水线》问世。他的第二部人物专访集《丧钟为谁鸣起……》获得摩尔多瓦国家文学奖。1995 年他发表著作《古拉格的比萨拉比亚》。他被授予"功勋艺术家"称号，荣获劳动光荣奖章。

六、后现代文学

后现代文学的萌芽最早出现在 20 世纪 30 年代。在之后发展为实验性文学，最终回归为"甜美的古典风格"。20 世纪 80 年代出现新的后现代文学运动，称为"第三只眼"（是代表人物尼古拉·达毕日的作品名）。

"三眼"一代的作品特点是叙述夹抒情，口语化风格，大量运用仿拟，玩文字游戏，将各种体裁结合在一起。追求碎片化、游戏化，组合拼接华丽的辞藻，以讥诮的口吻天马行空，使用污言秽语，是文化快餐。

代表人物弗拉基米尔·别仕良盖（1931—），小说家、诗人、时事评论家。他著有《井边》（1963）、《中止飞行》（1966）。摩尔多瓦文学中首次出现意识流写作方法，被评论界和读者认可，是摩尔多瓦文学新面貌的最佳体现。作者趁热打铁推出《菲力蒙的悲惨人生》，却意外遭到冷遇，直至 1988 年才得以出版。他还著有《在家中》（再版时更名为《侄子》）、《伊戈纳特与安娜》《痛》，以米隆·科斯京生平为素材的小说《雪上血》（1985）和《艰难岁月》（1990）。

列奥·布特纳鲁（1949—），诗人、作家、翻译家。学生时代他就发表作品，1976 年出版诗集《光之翼》。他曾任摩尔多瓦作家协会翻译局顾问、副会长（1990—1993），罗马尼亚作家协会基希讷乌分会秘书长。他先后多次荣获各类奖项，包括罗马尼亚作家协会奖（1998）、摩尔多瓦国家奖（2002）。他参加法国、希腊、土耳其、罗马尼亚的文学论坛，成为世界文化艺术科学院成员。他的诗歌中洋溢着崭新浪漫主义激情，直抒胸臆，在平常的花朵和飞鹰上发现美。他的小说、访谈见证着其较高的文化素养，对文风的准确把握，对时代脉搏的深刻洞察。他翻译了大量布宁、屠格涅夫等知名作家的作品。

尼古拉·坡帕（1959—），诗人、散文家、政论家。他著有诗集《彗星的引导图》（1987）、《远古的夜游者》（1995）、《行走的鸟》（2001）、《一粒方糖》。他是后现代文学运动的领军人物之一。

尼古拉·莱亚胡，1963 年生于摩尔多瓦城市卡胡尔，摩尔多瓦记者联合会、摩作家联合会会员，现为阿莱库·拉索·巴尔迪国立大学语文学院院长。1985年他毕业于阿莱库·拉索·巴尔迪国立大学语文学院，还获得库扎大学语文学博士学位。他曾任报纸副主编、兼职大学讲师、文学杂志主编。1993年起他担任"罗马尼亚与世界文学"专业的副教授。作品有诗集《布朗运动》《诗中的特性》《无名》，评论集《80年代诗歌》。他曾获摩作家联合会新人奖、诗歌奖、全国书展评论奖等奖项。作品被选入国内外多个诗歌选集和文学史选本。

摩尔多瓦文学大事记

1940年，摩尔多瓦作家联盟成立。

1954年，第一次全国作家代表大会召开。

1994年11月23日，摩尔多瓦开始实施《版权法》。该法规定对文献、艺术品、专利、专著以及广播电视节目版权进行保护。国家版权局负责版权的注册，版权持有人对版权的唯一使用权受到保护。

现在，摩尔多瓦是《世界版权公约》《建立世界知识产权组织公约》《保护工业产权巴黎公约》《专利合作条约》《马德里商标协定》的缔约国。

第三节　戏剧

摩尔多瓦戏剧艺术历史悠久，是民族文化传承和发扬的重要媒介。现代戏剧的任务就是帮助人们正视社会、正视自己。

一、戏剧起源

摩尔多瓦戏剧艺术源远流长，与古代仪式和舞蹈息息相关。远古时期人们就意识到戏剧的重要性。在某些保留至今的集体形式的风俗仪式中隐含着戏剧的因素。戏剧的早期雏形是民间集体活动，有的用来祈福大地五谷丰登，如妇女载歌载舞求雨仪式；有的是节日庆典，如新年前夕男子扮作羊，春天狂欢节年轻人扮成布谷鸟。这些表演发生在野外、村里或屋内，根据要求由男人、女人或者孩子参与。这些民俗带有明显的希腊黑海殖民地区和达契亚罗马占领区的戏剧特色。

这种结合始于公元2—7世纪，后来受到中世纪世俗文化和宗教文化的影响。

14世纪就已形成戏剧表演的风格。当时，戏剧主要是为贵族服务的娱乐项目。摩尔多瓦宫廷和王公贵族豢养杂耍艺人和小丑解闷逗乐。在18—19世纪成为现代戏剧艺术的土壤。

✿ 二、19世纪戏剧

18—19世纪之交，话剧开始面向平民。话剧的形式趋于活泼，增加了音乐和舞蹈。1840年第一个摩尔多瓦专业剧院在雅西落成。从19世纪中叶开始，摩尔多瓦的戏剧将古典浪漫主义和现实批判主义融合在一起，形成了现实批判主义的风格。这一时期，俄国和乌克兰的一些戏剧团体经常在摩尔多瓦进行巡回演出。1933年，蒂拉斯波尔建成摩尔多瓦话剧院，1939年改为音乐剧院。

19世纪初，早期本地戏剧作品，如科斯塔克·康纳吉的《女子法庭》《爱与才华》《康斯坦丁·昆汀外传》问世。盖塔诺·马智和斯坦尼斯拉夫·克瓦斯涅夫斯基领导的剧团在摩尔多瓦巡回演出。当地戏剧爱好者组织业余演出，主要是在校学生、富家子弟和官员，以希腊语和法语为演出语言。

著名作家、学者和画家戈欧尔格·阿萨基提出组建第一个摩尔多瓦国家剧团。1816年，他亲自翻译、改编并排演取材古希腊神话故事的田园诗，受到观众好评。1834年，他组织排演自己的作品《田园诗大合唱或者牧羊人的节日》，歌颂摩尔多瓦人民为自由和独立进行的英勇斗争。作家的妻子为该剧谱曲。之后，阿萨基的作品先后搬上舞台。1836年，他与其他人一起创立音乐戏剧学院，共有28名学员学习母语演唱和表演，先后演出哥尔多尼的《狡猾的寡妇》《一仆二主》，伏尔泰的《雅勒齐尔》等戏剧。

1840年，瓦西列·亚历山德里、科斯塔克·聂戈鲁茨、米哈伊尔·柯盖尔尼强努组建职业剧团，包括法国剧组和摩尔多瓦剧组，促进了本国演出剧目的形成和艺术团体的成长。11月19日，剧团首场演出大获成功。1848年革命迎来了民族戏剧的繁荣，剧作家利用戏剧艺术手段针砭时弊。最为著名的是阿列库·卢梭的《高傲的店主》、科斯塔克·聂戈鲁茨的《两个农民和五只羊》《小布尔乔亚的缪斯》。

亚历山德里为摩尔多瓦戏剧艺术做出了杰出贡献，他创作了50余部各类型戏剧作品。

哈什德伍·波格丹（1838—1907）发表文章支持创立本民族自己的剧目，提倡舞台表演真实自然。他本人也创作剧本《卢克桑德拉伯爵夫人》《床垫》。

马捷伊米洛是优秀的戏剧演员，同时也是导演和剧作家。他创作了剧本《浪漫诗人》（1835）、《老巫婆》（1848）。

1812年比萨拉比亚并入俄国版图后，当地的戏剧艺术也受到影响。1820年，首批由职业演员出演的戏剧搬上舞台。演出是在地主克鲁平斯基的专门装修的房子里进行的。当时居于此地的普希金经常来这里观看演出。19世纪40年代有乌克兰哈尔科夫和敖德萨的剧团前来巡回演出。1849—1861年基希讷乌先后活跃着三个剧团。1884年，戏剧艺术爱好者协会成立。

摩尔多瓦戏剧深受俄罗斯戏剧影响，都是用俄语演出。

三、现代戏剧

20世纪初，比萨拉比亚地区的戏剧排演方法日趋完善，导演设计和舞台布景得到重视。摩尔多瓦语演出的戏剧渐渐多起来。

现代戏剧继承摩尔多瓦戏剧教父们奠定的传统，悲喜交加、荒诞不经。戏剧表演的产生和发展源于人的交流需求，提升智力和情感的需求。戏剧营造自己的小宇宙，剧作家通过塑造人物和地点来反映现实，为观众呈现一个新世界。他们是真正的"普罗米修斯"，于虚无中创造生命。

卫国战争后和摩尔多瓦独立后成立的剧团为激发摩尔多瓦人民的民族意识，恢复先人的文化传统和价值体系做出了巨大贡献。

长期以来，剧作家一直由进行剧本创作的作家或诗人兼任。20世纪90年代出现了新一代剧作家，他们创造了新的艺术语言，开辟了主题的新视野，组建新的剧团，对戏剧表演有了新的理解。剧作家们正在探索适应新的社会现实、新的表达理念和形式，以期为本族文化增添新内容。

戏剧作为特殊的文化现象，是剧作家、导演、演员、观众共同创作能量的体现。戏剧的使命在于构建社会价值观，生成完美形象，反映大众观点，是创新精神的"避难所"。摩尔多瓦戏剧的历史传承有序，成绩斐然，有自己的舞台表演传统、杰出的演员和忠诚的观众。剧团主创人员不断寻求新的表现形式和手法，第一时间为广大观众奉献国内外戏剧艺术的最新成果。

第四节　音乐

一、民间音乐

由于地理和历史原因，摩尔多瓦民歌深受土耳其、斯拉夫、匈牙利和罗马尼亚的影响，在前人的基础上，整合各方影响因素，形成独具特色的民族音乐传统。摩尔多瓦民歌以七个自然音阶为基础。比较古老的歌曲只有五声音阶，音阶不完整。绝大多数民歌是单声部歌曲，但也可以在一些地区，特别是在与乌克兰相邻的地区找到一些双声部歌曲。

早期民歌是劳动号子和仪式歌曲，如祝酒歌、哭婚歌、丧歌，主要有"哭诉"和"浪漫曲"两种形式。曲调复杂，旋律优美，变化多端。在摩尔多瓦民间音乐创作中，生活歌曲（如抒情诗、诙谐歌曲、祝酒歌等）和合唱歌曲占主导地位，其中"多依那"是流传最为广泛、独具特色的一种民歌形式。"多依那"中的抒情诗歌、民间故事和壮士歌、尖刻亦切中要害的谚语均生动地描绘了民众的喜怒哀乐。

摩尔多瓦民间口头创作的特殊体裁是礼仪创作作品，这些诗歌一般只在洗礼、婚礼、葬礼等重大活动中演唱。摩尔多瓦民间音乐作品的主旋律是歌颂维护国家独立、反对异族统治斗争中的可歌可泣的人物和事件。抒情叙事诗类的歌曲内容以歌颂人民反对异族侵略和封建贵族的斗争为主。歌曲中的主人公大多是农民起义运动中的英雄。在民间歌曲、故事、叙事诗等作品中颂扬最多的英雄人物是摩尔多瓦公国的斯特凡大公。

民间口头文学作品中的另一主要内容是对摩尔多瓦自然风光的描述。每一首"多依那"均以"绿色的叶子"作为开头一句。摩尔多瓦民间歌曲以口头形式一代传给一代，直到18世纪末，一部分民间歌曲才被摩尔多瓦杰出的编年史作者进行艺术加工收入自己的作品《民间诗集》中。

　　杰出的古典音乐作曲家木吉切司库、波鲁姆别斯库、耶夫盖尼·科卡、斯蒂芬·尼伽声名远播，为摩尔多瓦带来世界声誉。他们的作品涵盖了古典音乐的绝大部分体裁和流派，是相关院校的必修曲目。

　　摩尔多瓦的主要民间乐器有：弗卢耶尔笛（民间木管乐器）、卡瓦尔（一种木笛）、奈（排箫）、奇姆波伊风笛、特列姆比塔木笛（长约3米）、科勒扎琴（拨弦乐器）、扬琴和口琴。在上述乐器中，奈是摩尔多瓦最古老的乐器，曾使摩尔多瓦的贵族们着迷。关于这件乐器的来历有一个美丽的传说。森林和牧羊人的保护神潘深深地爱恋上了一位名叫苏林达的美丽少女。但当苏林达看见潘长着像羊一样的腿时，惊恐地跑掉了。她跑到了一条大河边，乞求河神搭救她。河神很同情她，就把她变小，放进一根芦苇管里。悲伤的潘为了找到心爱的人，砍倒了许多芦苇，然后把它们粘到一起。从此，潘那令人心碎的芦笛声常常萦绕在森林的上空。这种乐器就是奈。"奈"一词来源于突厥语，意思是芦苇。奈可以演奏摩尔多瓦的民间歌曲和舞曲，也可以演奏享有盛誉的经典乐曲，如巴赫和贝多芬的作品。过去认为只能用小提琴演奏的摩尔多瓦传统曲调"拉克"，用奈同样可以演奏得优美动听。

❦ 二、民族音乐

　　18世纪末—19世纪初，浪漫的爱情对歌在摩尔多瓦流行。小提琴很早就被用于摩尔多瓦的民间音乐演奏。从19世纪开始，小号、单簧管、长号、低音提琴等乐器广泛用于民乐演奏。中世纪，官方的音乐会一般在修道院、皇宫和军营举行。

　　19世纪上半叶，音乐会开始在贵族住宅举行。1818年基希讷乌建造了第一座公共剧院供举办音乐会之用。从19世纪下半叶开始，摩尔多瓦加强了与俄国、乌克兰的音乐交流，音乐生活更加活跃。俄国等国的音乐团体、一些杰出的演奏家频繁到摩尔多瓦演出，推动了摩尔多瓦民族音乐的发展。

　　1880年，基希讷乌成立爱乐者协会。1900年开办了第一所音乐学校。19世纪，人们开始关注摩尔多瓦的民间音乐，在φ.鲁日兹基、K.

米库尔、T.布拉德的作品中均可以找到摩尔多瓦民间音乐的旋律。摩尔多瓦音乐中的重要人物是作曲家、民乐创作家和合唱指挥家Г.穆齐切斯库。19世纪，民歌先是受十二月党人和平民知识分子歌曲的影响，以及后来的苏联无产阶级革命歌曲的影响。

✿ 三、现代音乐

1918—1940年，室内乐、交响乐、歌剧在摩尔多瓦普及，并成立了许多音乐团体：多依（1930）、摩尔多瓦音乐剧团（1939）、交响乐团（1935）等。1940年，摩尔多瓦成立了许多音乐人组织：指挥家联盟、管风琴协会、交响乐协会等。

摩尔多瓦民族交响乐的创始人什特·尼亚加创作了一批声乐交响作品，如《斯特凡大公》《怀念》、清唱剧《复兴之路》等。E.科卡是摩尔多瓦第一首弦乐四重奏曲和交响史诗《科德鲁尔》的作者。他创作的歌曲《多伊娜·诺乌埃》在摩尔多瓦广为流传。交响音乐创作的代表人物是Л.С.古罗夫、В.Л.波利亚科夫、З.Л.拉扎连、С.M.洛别尔、Г.С.尼亚基等人，摩尔多瓦还拥有一批室内乐作曲家。

第二次世界大战结束以后，又成立了数个音乐团体：摩尔多瓦民乐团（1946）、摩尔多瓦民歌团（1967），摩尔多瓦广播电视乐团、摩尔多瓦广播电视合唱团等。1957年创建的摩尔多瓦歌剧舞剧院，上演了反映摩尔多瓦人民反抗土耳其侵略者的历史歌剧《雷雨》《多姆尼克的心愿》、民族交响乐《德涅斯特长诗》、抒情戏剧《格里拉》等。

摩尔多瓦国家歌舞剧院成立于1956年，排演国内外经典歌剧，奠定了摩尔多瓦美声唱法的基础，培养了一大批优秀演唱者。玛丽亚·彼耶淑在1967年东京国际歌剧比赛中获得"全球最佳蝴蝶夫人"的称号。2011年，来自摩尔多瓦的女高音成为BBC卡迪夫声乐大赛头奖获得者。

20世纪最杰出的合唱指挥是M.A.别列佐夫斯基、A.B.雅科夫列夫。现代音乐，如爵士乐、摇滚乐、电子乐得到发展。值得一提的是电影音乐。耶夫盖尼·多吉为将近200部影片配乐，包括《消失的营盘》《温柔的野兽》等。这些乐曲享誉国内外。

第五节　舞蹈

🌸 一、民间舞蹈

摩尔多瓦民族舞是最古老的民间艺术形式之一，堪称真正的"民族诗歌"，因为摩尔多瓦人是用心在跳舞，每一个动作都诉说着这个民族的聪明才智和精神品质，表现了民族性格和心理，是力量和柔韧的统一。民族舞融音乐、服装、动作为一体，是民族文化重要组成部分，成为节日庆典不可或缺的主角。最初的舞蹈由歌唱、拍手、敲击乐器等动作强调节奏，后来由管弦乐队伴奏。舞蹈伴随讽刺或幽默的歌谣。

摩尔多瓦民间舞蹈分为礼仪舞蹈和表现日常生活的普通舞蹈等。最著名的礼仪舞蹈有骑士舞、德雷加伊卡舞。婚庆舞蹈有奥斯特罗佩楚尔、泽斯特里亚、新娘舞。表现日常生活的舞蹈分为两大类：一类是无主题舞蹈，这类舞蹈有霍拉舞、瑟尔巴、摩尔达维尼亚斯卡、贝图塔、勃雷乌尔；另一类是主题舞蹈，这些舞蹈以表现某种劳作为主题，如采摘葡萄、收割、播种等。另外还有以军人、妇女、农民和自然现象为主题编排的舞蹈。

霍拉舞是摩尔多瓦广为流传的民间舞蹈。从19世纪开始，在比萨拉比亚的大多数地区，人们就开始把手拉手围成圈跳的舞称作霍拉舞。实际上，霍拉舞已不仅仅是指一种特定的舞蹈，而已经是一种乡村艺术形式的代名词。在19世纪末，诙谐的诺克舞开始广为流传，成为摩尔多瓦民间艺术中的第二朵奇葩。诺克舞也是摩尔多瓦民间以集体舞为表现形式的民族舞蹈。该民间舞包括150多个集体舞动作、独舞和充满幽默感的舞蹈艺术道具和布景。

摩尔多瓦民间舞通常有乐队伴奏。最流行的舞蹈音乐节拍为2/4、3/8、6/8、7/16。1936年，摩尔多瓦蒂拉斯波尔无伴奏合唱团中成立了民族舞蹈团。1940年，该舞蹈团团址转到基希讷乌，并于1945年改建为摩尔多瓦国家民间舞蹈团。1958年，该团改名为诺拉舞蹈团。

❧ 二、芭蕾舞

摩尔多瓦的芭蕾艺术起步较晚，摩尔多瓦职业芭蕾舞剧在苏联时期快速发展起来，摩尔多瓦第一部芭蕾舞剧是波利亚科夫编排的《古老的故事》（1938年在摩尔多瓦话剧院演出），以后摩尔多瓦的芭蕾舞作者又把Б.В.阿萨弗郁夫的《千金农姑》、С.Н.瓦西连科的《米兰多利娜》搬上舞台。

1957年，摩尔多瓦歌剧和芭蕾舞剧院落成以后，才有机会创建自己的芭蕾舞团。为此专门派大学生团队前往列宁格勒瓦甘诺娃歌舞学校学习，他们毕业后回到基希讷乌。为组建芭蕾舞剧团，年轻的芭蕾舞女演员梅琳奇耶娃和经验丰富的男演员菲信科应邀加盟。摩尔多瓦歌剧院上演的第一部芭蕾舞剧是《泪泉》，接着排演《天鹅湖》等大量经典剧目。与此同时，决心创立本族的芭蕾舞流派。摩尔多瓦作曲家瓦西里·扎果尔斯基创作芭蕾舞《黎明》。拉扎列夫为芭蕾舞《断剑》谱曲。同时，涌现出一大批优秀的芭蕾舞演员，如弗拉基米尔·基霍诺夫、彼得·列昂尔吉、米哈伊尔·卡夫塔那特等。1959年，芭蕾舞剧导演В.В.鲍伊琴科成功地将表现当代摩尔多瓦乡村生活的《姐妹》搬上芭蕾舞台。之后，又有一批以表现摩尔多瓦人民反抗民族压迫为主题的芭蕾舞剧奉献给广大观众。一些经典芭蕾舞剧，如《睡美人》《吉赛尔》《灰姑娘》是摩尔多瓦歌舞剧院的保留节目。

1970—1991年是戏剧艺术的繁荣期。基希讷乌歌舞剧院成为苏联最优秀的剧院之一，剧目和演员扩充，技术提高，与苏联境内外的剧院合作。1990年，举办国际歌剧芭蕾舞剧节。摩尔多瓦歌剧和芭蕾舞艺术借此跨上新台阶。

第六节　　建筑

在摩尔多瓦境内可以找到乌克兰特里波利文化（新石器-青铜时期的文化）和色雷斯人文化的遗迹（公元前9世纪—1世纪），切尔尼亚霍夫文化（2—4世纪）和斯拉夫部落遗址及斯拉夫风格城市土木和砖土防御工事。

摩尔多瓦公国时期，从16世纪直到18世纪末建筑类型以欧洲中世纪风格为主，包括民居、城堡要塞和教堂。

❧ 一、宗教建筑

（一）摩尔多瓦风格

摩尔多瓦在14世纪才出现石制教堂，在本地建筑的基础上融合了拜占庭、斯拉夫和哥特建筑因素。摩尔多瓦教堂从空间结构来看符合东正教教堂的风格，包括过廊和圣像壁。根据重要性和功能，教堂分为王室棺椁供奉堂、修道院教堂、王室礼拜堂、纪念堂、乡村教堂、墓地教堂和钟楼。

教堂结构分为纵式和三段式。纵式教堂脱胎于古典礼拜堂，只有一处内部空间，双坡棚顶。最著名的纵式教堂是莱德乌茨的圣尼古拉教堂，建于14世纪末15世纪初。这些教堂的共同特点是部分探入地下，因为土耳其人统治时期禁止教堂高于伊斯兰清真寺。在奥尔海伊市保存有摩尔多瓦最古老的教堂之一——圣德米特里教堂，建于1636—1639年。

三段式教堂更接近巴尔干拜占庭风格，带有保加利亚、塞尔维亚元素。最早的三段式教堂是西列特市的三圣教堂，建于14世纪末，并于15世纪重建。15世纪下半叶出现了一种新的建筑样式——巴尔干拜占庭教堂结构，哥特式空间和细节。16世纪的教堂堪称完美，又出现了两种新样式：前厅外廊和带密室棺椁供奉堂。由于棚顶很高，有尖顶高高耸起，为了防雨雪，每一空间结构的棚顶独立搭建。15世纪，五顶教堂首次出现在尼亚姆茨修道院，16世纪更加普及。

王家教堂的祭坛上方有拱顶，在圆柱形基座上，内部是圆拱，外部是锥顶。拱顶下方的结构有收缩的视觉效果，使摩尔多瓦式教堂比拜占庭式更加优雅。借助拱门在视觉上缩小拱柱的直径的方法被称为"摩尔顶"，是摩尔多瓦建筑所特有的。15世纪末的所谓"希腊式"教堂，其实就是摩尔式。摩尔多瓦的瓦斯卢伊、雅西、赫尔勒乌、多罗霍伊、皮亚特拉-尼亚姆茨宫廷教堂和普特纳修道院一起形成了"摩尔多瓦风格"的建筑艺术。

这些教堂一般分为三部分：入口、中央大厅和半圆形壁龛，或者是由三个半圆形壁龛形成三叶形建筑物。独特的"摩尔多瓦风格"建筑被改建成像圆鼓状屋顶的两层拱门。教堂的外部装饰着平面壁龛和拱弧带。

18世纪开始，教堂的规模缩小，15—16世纪盛行的附加建筑空间逐渐消失。地主在自己的领地建筑类似乡村公共教堂，分三部分空间，圣坛无圆顶。整个教堂统一呈锥形顶。18世纪的木制教堂常常呈直角三角形形状，或者是圆锥形的外观。

摩尔多瓦境内的早期石制教堂是斯特凡大公在位期间建成的凯普利亚纳教堂，后人在其地基上建筑现代圣母升天教堂。莱普什纳教堂也是在19世纪在原址翻建的。

19世纪建于尼斯特鲁河和普鲁特河间流域的教堂继承发扬中世纪三段式传统，甚至出现了划分为四个空间的教堂。中世纪的建筑以宗教建筑为主，特点是摩尔多瓦式拱顶，利用缩小穹顶直径的方法以达到拱顶与教堂整体关系的平衡和谐。

（二）主要教堂

16、17世纪，主要教堂包括苏恰瓦的圣乔治教堂以及新约翰修道院（1514—1522）、胡摩尔修道院新教堂（1529）、摩尔多维查修道院的报喜教堂（1532）、苏恰瓦的圣杜米特鲁教堂（1534—1535）、凯普利亚纳的圣母升天教堂（1545）、毕斯特里沙修道院教堂（1561）。

1564年，莱普什尼亚努尔开始在利沃夫建筑圣母升天教堂（后改为摩尔多瓦教堂），直至1629年由米龙·巴尔诺夫斯基完成。17世纪的建筑主要有：德拉戈米尔纳修道院的大、小教堂，奥尔海伊的圣杜米特鲁教堂（1636），三圣修道院的教堂群（1637—1639），阿加皮亚修道院教堂群（1644—1647），加拉茨的圣处女教堂（1645）。卢普王在位期间重建古利亚修道院教堂（1650）。如果说斯特凡大公时期摩尔多瓦的宗教中心是普特纳和尼亚姆茨，那么16—17世纪的文化中心就是三圣教堂和德拉戈米尔纳修道院。

1388—1566年，苏恰瓦市是摩尔多瓦公国的首府。摩尔多瓦公国的一代名君斯特凡大公（1457—1504）率领军民顽强抵御奥斯曼帝国的入侵，维护国家独立，深受后人崇敬，被誉为摩尔多瓦历史上的民族英雄。据说，斯特凡大公英勇抵抗土耳其的侵略，每打一次胜仗就修一座修道院。因此他在位期间建的教堂数量最多，成为历史上教堂建筑的顶峰时期。苏恰瓦地区许多举世闻名的修道院大多建于15—17世纪，它们如璀璨的明珠镶嵌在这片苍翠的土地上。

苏恰瓦地区修道院的独特之处不仅仅在于它们的造型和分布之密集，而是在于修道院教堂外墙上精美绝伦的壁画。这些彩色壁画历经了500多年的风蚀水磨至今不褪色，令人叹为观止。

由于外壁画所用的颜料色彩不同，这些教堂呈现出五彩缤纷的外观。沃罗内茨修道院的外墙壁画是蓝色基调，是摩尔多瓦地区建筑和绘画艺术的代表作。

苏切维查修道院为修士院，问世比沃罗内茨修道院足足晚一百年。第一期工程修建于1582—1584年，是大主教格奥尔基奠基的，第二期工程于1584年开始，1606年完工，由大主教的弟弟莫维拉建成，莫维拉后来成为摩尔多瓦的大公。苏切维查修道院的墙壁和塔楼非常宏伟，主教堂的外壁绘有几百幅壁画。据考古学家鉴定，这些壁画为当时欧洲教堂壁画的巅峰之作。

胡摩尔修道院为修女院。它建在山顶上，周围环绕着树木和草原，距苏恰瓦市区47千米，是典型的当地风格建筑。它是由一个贵族法官始建于1513年，16世纪30年代不幸毁于一场自然灾害。1530年的摩尔多瓦大公佩特鲁·拉雷什下令重建。新的修道院建在离旧址500米之处。1641年，当时的瓦西里·卢普大公又修建了一个围墙和瞭望塔楼，使修道院进一步规范。1775年奥匈帝国入侵，把修道院关闭，只留下一个小教堂。1850年后这个被废弃的修道院曾做过仓库、学校。一直到1993年，胡摩尔修道院才获得新生，重新恢复并对外开放。胡摩尔修道院外墙壁画至今保存完好，尤其是南面墙的壁画精彩别致，成为胡摩尔修道院闻名遐迩的代表作。

以橘黄色为主的摩尔多维查修道院也是修女院，是摩尔多瓦的佩特鲁·拉雷什大公于1532年下令建设的。它是个建筑群，这其中除了一幢王室的行宫外，有一座主教堂，还有修女的住所，四个角楼是防御工事。四周围墙高6米，厚1.2米，俨然是个坚不可摧的城堡。虽然它是城堡形式，但其精美的艺术水平比其他修道院毫不逊色。摩尔多维查修道院独特之处是，它的外墙绘画色彩以橘黄色为主，修道院内保留着许多极其珍贵的王室之物。

卡乌沙纳的圣母升天教堂处于半地下，是土耳其人统治下东正教堂经常采取的建筑形式。入口处用希腊文写道，由丹尼尔都主教和卡里马基王督建。教堂最初是木质，后来几近坍塌，由丹尼尔都主教修复。

德拉戈米尔纳修道院建于1602—1609年，因旁边有一片名为"德拉戈米尔纳"的森林而得名，距苏恰瓦城12千米。该教堂的创建人是摩尔多瓦公国的大主教克里姆卡。这是一座堡垒式的建筑，仅有一座主教堂和一座小教堂。修道院的主教堂名为"圣灵下凡"，其形状为船形，蔚为壮观。教堂外墙没有彩画，也没有特定的代表色，但耸立的高墙别具特色。大门的顶部有座白色的钟楼，实则一个独特的瞭望塔。这座堡垒式修道院隐映在茂密的森林中，旁边的一片湖泊成为第一道防线，整个修道院看起来确有固若金汤、坚不可摧之势。但尽管如此，它还是没有逃脱过侵者的践踏：1653年曾被哥萨克野蛮洗劫，院内许多宗教书籍、宗教用具、圣像、珠宝等被席卷一空。后来，用重金赎回了一部分。1758年它又被鞑靼人抢劫，1775年再次遭奥匈帝国掠夺，大量珍宝、银器、手绘制品和圣像散失。

摩尔多瓦处于东、西方之间，从中世纪以来一直是奥匈帝国、奥斯曼帝国、沙皇俄国列强互相争斗的战场和必争之地。在野蛮的战争中，当地人为躲避战火，免遭涂炭，教堂和修道院便成为人民最好的避难所。大多数修道院当时所起的作用，不光是宗教场所，还是庇护人们的城堡。修建的围墙高大，院外有护城河的壕沟、外墙上有瞭望塔，内部不仅有教堂，还有能容纳许多人居住的屋舍、储藏室等，都具有防范入侵者的功能。

从15世纪延续至18世纪，土耳其的统治者毁灭了摩尔多瓦的许多建筑作品，只有16—17世纪的洞穴修道院（建在萨哈尔涅和扎勃克）和教堂保留至今。

❧ 三、传统民居

14—16世纪的漫长的寒冷纪期间，民居主要是地下型土窑，转暖后，移至地上。14—15世纪的民居楼房一般是木结构，或者是土坯盖成的，砖木结构的民居出现稍晚。在旧奥尔海伊，至今仍保存着14—15世纪用砖石建造的拱顶遗迹。

房屋结构一般只有一个房间，一个出口。房间的各个角落分工不同。建有炉灶的地方相当于厨房，旁边是卧室，另一侧是饭桌，上方供有圣像。这种大堂屋直到20世纪还有，但只用作夏季厨房使用。

14世纪开始出现贵族的宅子。开始只是比普通民居大，有三个分区，建有地下室，存放葡萄酒和腌菜。

18世纪末，民居房屋建筑中形成了山岳风格和村落风格，俄罗斯的古典建筑风格逐渐渗透到摩尔多瓦建筑中。

四、军事要塞

从14世纪中叶开始，摩尔多瓦公国中的建筑业蓬勃发展。在斯特凡大公三世统治时期，城市一般由城堡和城郊组成，城市四周建城墙，土木结构的城堡改建为砖木结构。

16世纪，在索罗卡和本德尔（现蒂吉纳）建起了带有高大瞭望塔和拱门入口的城堡。

城堡要塞式建筑一般位于国家的边界地带，戍守咽喉要道，形成西线和东线两道防线。防御系统包括内地的罗曼式城堡，用于集结军队。东部地区的旧奥尔海伊的封建主领地也具有这样的功能。

所有要塞的中心是最早建成的部分，一般是圆形、方形或菱形结构，形似小城堡。围墙不超过30米，各角有瞭望塔。几乎所有城堡在火炮出现之后都在外部加筑外城墙和碉堡，用于安放火炮。最早使用火炮的是15世纪中期的契塔夹阿尔贝城堡。

罗曼城堡建于斯特凡大公统治期间，完全仿制苏恰瓦城堡，但一个角塔改为碉堡，用于放置火炮。索罗卡和蒂吉纳城堡的具体建筑时间不明，但分析其建筑特点可以得出这样的结论：16世纪是摩尔多瓦公国摆脱奥特曼帝国统治取得独立的时期。

五、现代建筑

比萨拉比亚并入俄国以后，城市建筑接受了俄国的建筑风格，摩尔多瓦东部地区划入俄国之后建筑风格发生重大变化。原有城市规模扩大，乡镇升级为城市，南部聚居地升级为乡镇。城市新区建筑具有俄罗斯新古典主义风格，笔直的街道，直角划分街区。老城的规划发生变化，凌乱的建筑群由曲折的街道划分为街区。尼斯特鲁河和普鲁特河间流域成为俄国的一个省，随之出现新的建筑类型：各种行政管理部门（财政、银行机构），社会服务场所（宾馆、公寓、驿站、火车站），教育机构（中小学校、住宿学校），医疗机构（医院、药店、孤儿院和收留所），商业结构（饭店、商店、咖啡馆和市场），文化娱乐场所（杂技馆、剧院、电影院和会所等），工业生产场所（各种工厂、蒸汽和电力磨坊），工程设施（深井、水塔、火警瞭望塔、上下水系统、电车轨道、电车库、火车轨道和站台、路桥），军用建筑，体育场馆，市政设施（广场、公园）。全面禁止木建筑，建筑项目必须经建筑委员会批准同意。为刺激新区建设，政府免费提供地块，要求一年内完成建筑。新建筑必须符合规定模式，主要是俄罗斯新古典主义晚期风格，即帝国风格。规定模式由彼得堡国家建筑师统一制定，在俄国南部推行实施。比如俄国法律规定，普通街道的宽度为10俄尺（约21.6米），主干道的宽度为20俄尺（43.2米）。一、二层的房子不得超过所谓的红线。朝街的楼面必须是古典主义风格，突出对称轴，外置门廊，上有三角门梁。墙面装饰古典元素，窗饰、窗户之间的半露柱制造壁柱的效果。楼的背面朝向院子，保留传统民居风貌，带有木质露台和柱廊。公共建筑单独设计。国内外的建筑工程学校的毕业生纷纷定居比萨拉比亚，民居和公寓的建筑开始摆脱统一规定，采取独特的楼房设计。建筑的高度增加，出现三层楼房，纪念性建筑成为城市地标。技术进步也影响了乡村建筑，庄园建筑也开始体现俄国和西欧风格。

经典作品有由建筑师 А.И.麦尔尼科夫设计的基希讷乌教堂（1830—1835）、纪念卡古尔血战纪念碑。该纪念碑于1845年由建筑设计师Ф.К.鲍弗完成。经典作品还有1846年修建的齐加涅什蒂修道院。19世纪—20世纪初，各城市中兴建起一批花园别墅，其中不少具有很高的艺术价值。

20世纪20—30年代，比萨拉比亚建起了一批现代风格的别墅。在摩尔多瓦自治共和国时期，城市建筑基本采用了古典建筑风格。

第二次世界大战期间，城市建筑被严重破坏。在战后恢复建设时期，城市布局基本按工业企业、社会文化机构、学校、城市公共设施的发展需求进行规划。市内开始建设高层住宅，并广泛采用大理石建材。

在20世纪40年代和50年代上半期，古典主义建筑风格中融入了陶艺、石雕等民族艺术的表现手法，使摩尔多瓦的建筑造型更加丰富多彩。从1955年开始，城郊开始建设住宅小区，小区住宅大多用花岗岩和钢筋水泥建造。从1960年开始，建筑设计开始注重外装修的曲线美。农村中的传统砖木结构的三层农居逐渐被现代化的二层楼房替代。

俄式帝国风格是19世纪上半叶的主流，后先后被折中主义、复古主义、摩登风格代替。但宗教建筑相对保守，主要是俄罗斯拜占庭式和俄罗斯风格。两次世界大战期间，新古典主义、新罗马尼亚风格、摩登风格、功能主义、结构主义等开始流行。这一时期的建筑突出便利性，关注功能区划分，利用光影明暗制造立体效果，多采用锥顶和具有民族特色的装饰。

第二次世界大战给摩尔多瓦的城市建设造成难以弥补的损失。大城市的中心地带遭到法西斯的空袭，苏联军队撤退时留下大量地雷。如今，我们见到的摩尔多瓦是第二次世界大战结束后一直修复的结果，有些地区和建筑至今仍未恢复原貌。

第七节　造型艺术

一、史前艺术

摩尔多瓦共和国境内考古发现的文化艺术遗迹类型各异，作品丰富。这一地区先后出现过多个文明，最远可以追溯至旧石器时期洞穴中发现的工具。最具代表性的是新石器时代的库库金-特里波利文化，影响乌克兰、罗马尼亚、摩尔多瓦三国，主要艺术作品是陶器、雕塑和首饰，是欧洲地区最为珍贵的文化遗产之一。

早期的陶器多呈果盘形，装饰有一排或数排凹凸相间的图案以及直线、螺旋线、涡纹，间或有三角形、矩形等几何图案。后出现圆锥形陶瓶，饰有星星图案。陶器的形状和图饰越来越丰富，出现人物造型、两锥形、三锥形，甚至球形的器皿，饰有人形图案。库库金-特里波利文化的陶器因不同用途在形状、容量和装饰方面呈现出不同的特点。这些陶器大致分为两类：生活日用品（盆、碗、盘、瓶、盖和杯）和宗教仪式祭祀器皿（双筒器皿、人物和动物造型器皿）。特点是造型平衡对称，凹纹与平面图饰和谐统一，具有极高的艺术价值。

本地的雕塑明显受到母神崇拜的影响，出土大量的陶土女像。尺寸不大（不超过20厘米），符合人体比例，全身或局部饰有图案，优雅精致。

青铜时代的尼斯特鲁河与普鲁特河流域是多种文化的交汇区。造型艺术的成就主要体现在金属装饰品、武器、陶制品和铜制品的造型上。达契亚人的祖先善于制作金银饰品，陶器制品延续了前人的传统，出现了立体装饰，主要是微微凸起的带子和球粒。公元前3—4世纪摩尔多瓦境内生活着斯拉夫人，精于首饰加工。陶制器皿，金、银、铜制的饰针、耳环、手镯、扣环等均已达到了很高的艺术水准。斯拉夫人留下的神和动物的陶制工艺品与器皿，广泛传播古罗斯文化，促进了该地区珠宝、石刻、骨刻业的发展。

二、 中世纪艺术

13—14世纪，摩尔多瓦的实用装饰艺术受到拜占庭和东方穆斯林艺术的影响。陶器制品呈希腊风格，涂釉，橘色画面，取材希腊神话。制陶工艺日渐成熟，功能性加强，装饰日益简洁。艺术形式主要是小型彩画、湿壁画、木板圣像画。

（一）小型彩画

小型彩画出现于15世纪，主要用于装饰手稿，包括传道士画像、卷首插图、句首图和文饰，画案优美典雅，是早期独立绘画形式之一。它兴盛于15—17世纪，尼亚姆茨修道院、普特纳修道院、胡摩尔修道院、沃罗内茨修道院、德拉戈米尔纳修道院等曾是绘画中心。

15—16世纪留下了很多富有节奏感的植物花纹图案和色彩和谐的小型彩绘画。17世纪，彩绘画更加富于表现力，十分接近彩绘刺绣的图案风格。在卡沙内的乌斯佩尼郁教堂里保存着18世纪的教会长老画像，即是这种绘画风格的生动体现。在这幅壁画中，拜占庭晚期的艺术风格和巴尔干传统绘画技法交融在一起，表现出了民族艺术的魅力。

在18世纪末—19世纪初的圣像画中，人物画像的尺寸一般偏大。最著名的作者是乌里克及其追随者尼科季姆、麦林塞斯库、斯皮林顿，为后人留下了宝贵绘画作品。他们的作品被维也纳、莫斯科、伦敦、彼得堡等地的最权威艺术机构收藏。

（二）壁画

湿壁画主要用于装饰教堂内部墙壁，是圣像画系统的重要组成部分。15—16世纪摩尔多瓦教堂的湿壁画是欧洲艺术的独特现象。最著名的是凯乌山市的圣母圣诞教堂的湿壁画，由斯坦丘、拉杜和沃伊库尔于1763—1767年共同完成。主要场景有门厅处的对神的颂歌图，拱顶的圣餐图和祭祀图，北墙供龛里的斯特凡大公的大祭司的画像。

16世纪的外壁画是摩尔多瓦独有的世界级艺术成就，载入世界文化遗产名录。斯特凡大公时期圣像画家就已经开始创作巨幅宗教画和教堂外壁画，但专家学者倾向于把这种教堂装饰艺术形式归于较晚的时期，即彼特·鲁拉列沙王统治时期。黑尔莱乌的圣乔治教堂的外墙绘画是摩尔多瓦最早的外壁画（1530）。彼特·鲁拉列沙王在位期间装饰的教堂全部绘有外壁画。关于摩尔多瓦16世纪教堂壁画，尤其是外壁画艺术最全面的研究著作是索林乌列的《艺海沉钩》一书。

由于外壁画所用的颜料色彩不同，这些教堂呈现出五彩缤纷的外观。沃罗内茨修道院的外墙壁画是蓝色基调，是摩尔多瓦地区建筑和绘画艺术的代表作。

沃罗内茨修道院壁画中的蓝色在世界绘画史上留下浓重的一笔，被国际艺术界称为"沃罗内茨蓝"，就像"提香红""维罗纳绿"一样成为一种世界艺术词汇。沃罗内茨修道院壁画内容多以摩尔多瓦那个时期的宗教历史人物为原型，充满热烈的人文气息。例如，画中的天使面容都以摩尔多瓦当时妇女甜美的脸庞为原型；大天使像当地牧羊人一样吹着布丘木（赶羊用的木制长号）；升天的亡灵披的是当地人手织的上等土布；那些被判下地狱的人被包裹上土耳其的头巾，以此宣泄对土耳其侵略者的憎恨。

苏切维查修道院为修士院，色彩基调为绿色。苏切维查修道院的墙壁和塔楼非常宏伟，主教堂的外壁绘有几百幅壁画。据考古学家鉴定，这些壁画为当时欧洲教堂壁画的巅峰之作。苏切维查修道院的外墙壁画装饰非常华丽，工匠们在如此粗糙坚硬冰冷的墙壁上展现出神采飞扬的艺术神韵，是封建时代建筑学的高度发展与传统艺术手法的完美结合，折射出古人的聪明智慧。法国研究人员认为，这些壁画是15、16世纪艺术大繁荣时期向17、18世纪艺术没落的过渡，是空前绝后的。

胡摩尔修道院的教堂呈赭色（铁红色或棕红色）。胡摩尔教堂外墙壁画至今保存完好，尤其是南面墙的壁画精彩别致，成为胡摩尔修道院闻名遐迩的代表作。壁画的基本主题是圣像。所以胡摩尔的壁画《围困君士坦丁堡》（1535）与众不同，格外吸引人。画面中间是筑有防御工事的城市，敌人从海陆进攻。令人无法理解的是围攻的人身着土耳其服装，双方使用火炮。因为据题词介绍，此次围困发生在626年。那么为什么画家改变希腊传统，把波斯人画成土耳其人，还加上那个年代没有的火炮呢？大部分学者认为画作表现的是1453年的事件。但显而易见，谁都不会允许在东正教教堂的外壁绘制表现基督教世界大灾难的壁画。可见，壁画表现的是626年的波斯围困。君士坦丁堡借助圣女的帮助击退了野蛮人的进攻。至于土耳其人和火炮的出现则将历史事件与国家现实联系起来以此激励人民：当年神帮助希腊人打败波斯人的围困，也一定会帮助摩尔多瓦人战胜土耳其侵略者。这样，这幅画就具有了双重意义：一是表现君士坦丁堡；另一方面画的是英雄的苏恰瓦，也就是整个摩尔多瓦。能证明这一点的还有一个小细节：一骑兵从城中冲出，直奔敌军的首领。缠着大包头的首领惊惶失措。骑兵的头顶有小字写着，此人名叫托玛。毫无疑问，这是画家本人。这是摩尔多瓦艺术史中第一幅自画像。画家把自己描绘成祖国的保卫者，说明对于当时的摩尔多瓦人来说，围困这一主题不仅是君士坦丁堡胜利的象征，也是苏恰瓦，即摩尔多瓦的胜利的象征。因为这个摩尔多瓦人托玛保卫的是自己的祖国，不是拜占庭的首都。就连城市中心的教堂也不是拜占庭风格，而是摩尔多瓦特有的样式。

摩尔多瓦外壁画的另一个常见主题是最后的审判。所用技法完全不同于其他东正教国家，把同时代的土耳其人、蒙古人都加入信仰的敌对行列。可见，这里重要的不是宗教原则，而是民族政治导致异教徒成为中世纪摩尔多瓦的敌人。

在这些壁画中，还隐藏着许多至今没有答案的秘密。其中最大的秘密就是，这些工匠绘画用的颜料经过几百年风雨的冲刷和严酷气候的侵蚀，至今依然鲜艳如初。那些纯正的天蓝色、紫色、赭石色以及五种不同的绿色是用什么特殊原料调制出来的呢？百思不得其解。难道真的是苍天眷顾尘世，捣碎长虹与晚霞撒入了工匠们的调色板？……对这些难以破译的密码，几个世纪以来人们的猜测从未停止过，但从来没能找到权威的答案。化学家们使用现代的化验手段也没解出完整的配方。有一种假说，为鼓励修建教堂，斯特凡大公定期派人向工匠送李子酒。但事实上，工匠们并没有将这些酒全部喝掉，而是用这些酒配制成各种颜料用以绘画。经过化验，在壁画的颜料和墙壁的石灰中发现含有李子酒成分，而掺入佳酿的颜料对防止褪色有着重要作用。

人们发现，壁画中反映的内容大都是圣经故事，人物有教堂的保护神，还有东正教圣经人物，可是所有人物的穿戴都是当地居民的打扮，很不符合当时宗教规定。按照当时拜占庭的严格要求，这些圣经人物绝不能穿当地普通老百姓的装束。有人猜测，这些壁画不是专业工匠或宗教人士的创作，而是出自当地老百姓之手。这些千古谜团给后人留下诸多猜测，让人不断地拷问，也给修道院蒙上了更加神秘的色彩，增加了更多的魅力。

（三）圣像画

摩尔多瓦现存最早的圣像画可以追溯到15世纪之前，斯特凡大公时期的两幅作品圣乔治和圣母像。16世纪的圣像画以阿卡皮亚、拜垃捷克和普特纳修道院为代表。16—18世纪摩尔多瓦圣像画形成自己的特色，存在两种圣像画：修道院式和民间式。18世纪的圣像画画家有连托维奇、格拉西姆、耶杰基尔、亚沃尔斯基等。

（四）版画

随着小型彩画的没落以及书籍印刷的出现，新的造型艺术种类——版画诞生，促进了插图和古版书发展。雅西印书局的早期出品《惩戒瓦拉姆》具有明显的手抄书的痕迹，保留了大量插图和文饰。18世纪版画进入成熟阶段，形成雅西派和修道院派，促进了印刷业和版画的发展。值得一提的是雅西印书局的斯特列力茨基，于1756—1807年共创作200多幅版画，包括封面、传道士画像、圣经故事、卷首插图等。这一时期的插图受到西欧艺术影响，呈明显巴洛克风格。19世纪代表版画家有斯坦丘、希妙恩、格尔瓦西耶，版画内容向世俗化转变。

（五）刺绣

16—17世纪，刺绣广泛用于宗教器具的装饰，当时的教堂和修道院保存大量精美的刺绣作品，常见于幕帐、门帷、圣经护罩、棺椁罩等。这些具有宗教性质的刺绣工艺奠定了民族刺绣传统。刺绣特点是非常讲究色彩的运用，并大量使用金银装饰，后被广泛应用于服装方面。

摩尔多瓦传统服饰见证着民间手工艺者的高超技艺、民族审美的典范、民族传统的传承。

在18—19世纪的地毯工艺中多用反差大的色彩编织底色花边和各种图案。

🌸 三、新时期造型艺术

（一）比萨拉比亚艺术

这一时期艺术从宗教转向世俗化。这一时期可分为三个阶段：

第一阶段（1812—1887），继续中世纪艺术形式。19世纪，民间艺术开始发展，首先是肖像画的大量出现。19世纪下半叶，形成了一批职业画家，成立了绘画学校（1887年，国立美术学校的前身），并经常举办美术展览。

第二阶段（1887—1918），世俗艺术成为主流。在基希讷乌成立绘画夜校，出现第一批从圣彼得堡、莫斯科、慕尼黑、阿姆斯特丹等地学成归来的专业画家。摩尔达维亚现代艺术出现并形成。俄国和乌克兰画家在基希讷乌举办展览，宣传艺术作品，创作良好的艺术氛围。这一时期形成造型艺术的全部种类：绘画、雕塑和线描，深受俄罗斯艺术，尤其是巡回画派，以及后来的彼得堡艺术团体的影响。与此同时，摩尔多瓦形成本土艺术核心。1903年，比萨拉比亚艺术爱好者同盟成立，与俄国和乌克兰艺术家共同组织画展。摩尔多瓦艺术逐渐现身于圣彼得堡、敖德萨、巴黎、罗马、慕尼黑、阿姆斯特丹这样的艺术中心城市。代表画家有皮斯卡廖夫、古马力克、布林诺夫、科利马雪夫斯基、列梅尔、别列佐夫斯基等。基本风格受到巡回画派和民主现实主义的影响。作品中后印象派、现代派技法突出，与民主现实主义共存。在油画、雕塑、舞台设计、书籍装帧、架上线描等方面达到了艺术巅峰。

第三阶段（1918—1940）多元化发展。1918年摩尔达维亚的政治、文化和经济地位发生变化，改变了造型艺术的教学过程。摩尔多瓦画家既可以在雅西和布加勒斯特的学校提高技艺，也可以到欧洲的艺术中心深造。1921年成立的艺术学校成为摩尔多瓦的艺术活动中心。摩尔多瓦画家与罗马尼亚画家共同举办画展，参与布加勒斯特官方艺术沙龙活动，很快融入罗马尼亚和欧洲文化圈。摩尔多瓦画家的作品通过自身艺术探索和独特表达再现了摩尔多瓦现实和问题，成为欧洲艺术有机的组成部分。美术受到现代派的影响，但是现实主义的画派仍然是美术界的主流。如A.M.普拉雅尔的雕塑纪念像和风俗雕塑、M.E.加姆布尔德描写农村生活的风景画、A.И.巴麦尔的人物画像和静物画、Ш.Г.科甘的铜版画均体现了现实主义的绘画原则。

这一时期的创作为摩尔多瓦现代艺术奠定了基础，确定了20世纪六七十年代的艺术发展趋势。

❀ 二、第二次世界大战后的艺术

摩尔达维亚苏维埃社会主义共和国的艺术具有明显的"社会主义现实主义"，与苏联艺术机构和组织一脉相承。1944年，艺术家协会和艺术博物馆成立。艺术作品主要是歌颂革命领袖、社会主义劳动模范、革命者和地下工作者，带有明显的写实风格和浓厚的爱国主义激情。第二次世界大战后作品的美学和思想追求发生变化，绘画形式、语言和主题趋于固定化。60年代开始尝试打破模式。代表人物是格列库、维耶卢，他们开创的技法成为现代艺术的宝贵财富。

70年代出现两种完全相互独立的趋势：一方面大部分画家继承现实主义传统；另一方面是个人风格明显的试验性画风。

50—80年代的版画家有伊万诺夫、符列尔、聂思维朵夫、皮斯卡廖夫等，创作的书籍插图具有极高的艺术价值。1985年起，这一领域新人不断涌现，启用混合工艺进行创新尝试。90年代新一代画家成长起来，倡议复兴绘画传统，向格列库等老一代艺术家学习。

摩尔多瓦职业雕塑家成长于两次世界大战的间隙，主要代表人物是杜宾诺夫斯基、卡比杰娃，他们创作了大量纪念碑和人物雕像。这一时期的雕塑作品，尤其是纪念碑，表现了高度的爱国主义激情。1954年，中央公园将著名雕塑家的作品集中在一条林荫路上，成为"经典之路"，推动了民族雕塑的发展。

1945年，艺术家联盟成立。1948年，工艺美术部设立，为毛毯编织和陶器制作行业创作样本，以便批量生产。早期的织毯具有浓郁的民族特色，曾在1951年全苏国民成就展展出。萨仁娜和岚灿将陶艺和雕塑相结合，创作出全新的作品样式。80年代的陶艺家保尔·波强努的作品独树一帜。

摩尔多瓦首都基希讷乌城市之门　　（本图片由宿彦文提供）

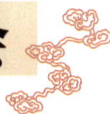

第六章　社会

第一节　人口与民族

一、人口构成

根据世界人口时钟数据，截至2014年11月摩尔多瓦的人口总数量为3 553 429人，男性人口1 685 769人，占人口总数的47.4%，女性人口1 867 660人，占人口总数的52.6%。

摩尔多瓦共和国民族成分复杂。全国有18个民族。主体民族摩尔多瓦族占全国总人口的75.8%，乌克兰族8.4%，俄罗斯族5.9%，加告兹族4.4%，保加利亚族1.9%，茨冈族0.4%，犹太族0.1%，其他民族0.5%。官方语言为摩尔多瓦语，俄语为通用语，居民多信奉东正教。

二、民族问题

在历史上，摩尔多瓦曾经是罗马尼亚的一部分，也曾作为苏联的一个加盟共和国，其社会成分中，既有罗马尼亚元素，也有苏联元素。苏联时期，俄语是摩尔多瓦的官方语言，独立后，这个国家宣布摩尔多瓦语（即罗马尼亚语）是官方语言。在一些地方，小学生入学后上第一堂课时，收到的就是罗马尼亚语的教科书，甚至2010年在总统府大楼上摩尔多瓦的国旗边还并排竖起了罗马尼亚国旗。摩尔多瓦当局实行的这类政策给社会带来的是民族意识的分化，除了支持"罗马尼亚化"的公民外，其他公民和使用其他语言的民族对这种"罗马尼亚化"政策极为反感。而对国家与民族认同感的不一致，反过来更加强了不同社会群体的分化。

独立之初，在国家发展道路上，是并入罗马尼亚，还是"投靠"俄罗斯，曾在摩尔多瓦引发民族冲突。尽管后来冲突平息，但是尼斯特鲁河沿岸地区和加告兹地区提出的独立要求，都使得民族问题成为一个涉及国家完整与主权的十分敏感的话题。

1. 加告兹地区问题

加告兹地区的主要居民是加告兹族人，是讲土耳其语的少数民族。18世纪他们的祖先因俄土战争逃来此地，至今保留着鲜明的民族特色，其文化和宗教成为摩尔多瓦文化独具特色的构成元素。

摩尔多瓦宣告独立前夕，1990年8月，加告兹族人宣布成立"加告兹共和国"，并建立了武装力量。摩尔多瓦领导人秉承和平解决矛盾，不诉诸武力的民族和解政策，做了大量的说服解释工作，最终于1994年解决了加告兹地区的民族纷争，平息了该地区的不稳定因素。1994年12月，摩尔多瓦议会通过了《加告兹法律地位法》，以立法的形式宣告：加告兹地区是摩尔多瓦共和国的一部分，是具有特别地位的自治地区，加告兹可在其权限范围内解决政治、经济和文化问题，当摩尔多瓦独立地位发生变化时，加告兹族人有权自治。

加告兹族人聚居区通过全民公决，决定解散"加告兹共和国"，成立"民族自治区"。自治区领导人称"巴什坎"，每四年选举一次，是摩尔多瓦共和国相当于副总理一级的政府成员。自治区最高权力机关是人民议会，有三十五名代表，任期四年。人民议会可在不违反摩尔多瓦宪法的条件下行使有关本地区的立法权，制定并通过法令。1995年10月31日，该地区启用自己的"国旗"和"国徽"。摩尔多瓦政府收缴了加族人的全部武器，并向该地区派驻了政府武装力量。

2014年2月，加告兹地区举行了公投。结果显示，98.9%赞成该地区保持独立地位，98.47%的人支持加入关税同盟，只有2.77%的人赞成摩尔多瓦加入欧盟。加告兹地区公投后，摩当局即宣布该公投违法无效，并开始加大对其打压力度。

俄罗斯与加告兹地区接触积极，保持与加告兹地区的经济联系，进口该地区的产品。

2.尼斯特鲁河沿岸地区问题

摩尔多瓦独立前后，一些党派基于摩尔多瓦人同罗马尼亚人原是一个民族，操同一种语言，有着共同的历史渊源，多次提出和罗马尼亚合并，建立"大罗马尼亚"的主张。对此，摩尔多瓦的少数民族持坚决反对态度。在尼斯特鲁地区，俄罗斯传统文化占主导地位，居住在这里的斯拉夫人不反对摩尔多瓦独立于俄罗斯，但是他们坚决反对摩尔多瓦和罗马尼亚合并。

1990年9月，该地区的俄罗斯族人和乌克兰族人成立"沿岸共和国"。"沿岸共和国"的领导人要求摩尔多瓦政府承认其独立地位，并作为与摩尔多瓦平等的共和国，与其组成联邦，一旦摩尔多瓦同罗马尼亚合并，"沿岸共和国"就可以退出联邦。

"沿岸共和国"组建联邦的主张遭到了摩尔多瓦政府的坚决反对，政府主张在该地区建一个"自由经济区"，一旦提出同罗马尼亚合并问题，就允许该地区实行全民公决，以决定其最终归宿。然而，这一建议没有得到"沿岸共和国"的采纳。双方互不妥协，严重对立。

尼斯特鲁地区问题是尼斯特鲁河东岸和比萨拉比亚地区关系的历史遗留问题。1504年，尼斯特鲁地区摆脱了奥斯曼帝国的直接统治，成为土耳其保护下自治的摩尔多瓦公国的一部分。1792年，俄国根据《雅西和约》放弃了这块土地。当时，这里的居民绝大多数是摩尔多瓦人和罗马尼亚人，不过也有一部分游牧民族——鞑靼人。

18世纪晚期，俄罗斯人和乌克兰人开始对这里进行殖民活动，作为俄国扩展边疆活动的一部分。1812年，该地区随同整个比萨拉比亚被土耳其割让给俄国，成为其一个省。

俄国"十月革命"爆发后，比萨拉比亚地区于1918年宣布独立，旋即并入罗马尼亚。但是尼斯特鲁河东岸地区留在了乌克兰境内，并以"摩尔达维亚自治共和国"的名义并入乌克兰苏维埃社会主义共和国。当时，罗马尼亚人依然是当地居民的主体，罗马尼亚语学校也照常开设。

1940年，苏联占领了比萨拉比亚地区，将尼斯特鲁河东岸与比萨拉比亚北部地区合并，成立了摩尔达维亚苏维埃社会主义共和国。苏德战争期间，德国占领这一地区并将其划归罗马尼亚。1944年，苏联通过外交和军事双重手段，与同是社会主义国家的罗马尼亚达成协议，双方恢复1940年时的边界。苏联收回摩尔达维亚，恢复了对这一地区的统治。

苏联在摩尔达维亚这样的多民族地区实行特殊的民族政策。尼斯特鲁地区上万的罗马尼亚族人被迁移到了西伯利亚和哈萨克斯坦。与此同时，大量的乌克兰人和俄罗斯人迁入了该地区。苏联红军第十四军自1956年以来一直在此驻防，直至苏联解体。

苏联解体后，该地区民族矛盾愈加明显和加剧。

1989年，摩尔多瓦人在首府基希讷乌宣布把摩尔多瓦语（事实上是罗马尼亚语）定为官方语言，并开始准备与罗马尼亚合并。1989年8月11日，尼斯特鲁河东岸地区成立了"劳动集体联合委员会"，组织该地区的政治活动，以反对摩尔达维亚将摩尔多瓦语作为国语以及排斥俄语的政策。1989年下半年在该地区发生了一系列罢工，要求将俄语和摩尔多瓦语一同作为国语。

1990年，当地斯拉夫族居民试图从摩尔多瓦分离出去，于是成立"沿岸共和国"。两岸紧张局势加剧，形成了尼斯特鲁河沿岸的武装对立。

1990年12月，摩尔多瓦军警同当地自发武装不断发生武装冲突，造成人员伤亡。1992年3月2日，武装冲突升级，双方动用了步兵战车、装甲车等现代化武器。28日，总统下令在全国实行紧急状态，并责成护法机关和军警采取一切必要的措施消除非法行为，维护国家主权与领土完整，并要求尼斯特鲁河沿岸的"非法武装"在48小时内自动解散和交出武器，否则，摩尔多瓦军队将使用武力予以缴械。总统令遭到了"沿岸共和国"的坚决抵制。29日，"沿岸共和国"最高苏维埃致函俄罗斯总统和俄罗斯议会请求援助。局势进一步复杂化。

经过艰苦的谈判，冲突双方终于达成协议，决定从1992年4月7日15时开始实行停火，成立由摩尔多瓦、俄罗斯、乌克兰、罗马尼亚四国代表参加的"和平调解使团"，以便对各方执行停火和停战决定的情况进行监督。5月27日，冲突双方签署停火协定。6月25日，俄罗斯、乌克兰、罗马尼亚、摩尔多瓦四国首脑在伊斯坦布尔会晤，商讨落实停火协议的问题。7月3日，俄、摩两国总统在莫斯科会晤协调立场。7月21日，俄、摩两国总统在莫斯科签署《关于和平解决摩尔多瓦共和国尼斯特鲁河沿岸地区武装冲突原则的协定》和《尼斯特鲁河沿岸地区成立维持和平部队的协定》。停火协定规定：自停火协定签署之日起，冲突各方必须采取一切必要措施尽快实现停火，停止一切敌对行动，并在7天内完成撤退任务，然后在冲突各方之间建立一个安全区。为实现上述目的，一个由摩尔多瓦国防部、俄罗斯国防部和尼斯特鲁河沿岸准军事组织司令部三方代表组成的统一协调小组成立，摩、俄、罗、乌四国的军事观察小组以观察员的身份参加协调小组的工作。7月29日，俄罗斯、摩尔多瓦和尼斯特鲁河沿岸联合维持和平部队进驻冲突地区，冲突地区终于恢复了往日的和平。

1992年4月7日尼斯特鲁河沿岸地区实现停火，转入政治轨道解决该地区冲突。尼斯特鲁河沿岸地区的领导人坚持建立联邦体制，摩尔多瓦政府坚决反对。摩尔多瓦政府重申，摩方将在维护国家主权和领土完整的基础上政治解决这一问题。

1998年，摩尔多瓦、尼斯特鲁河沿岸地区、俄罗斯、乌克兰签署了《摩尔多瓦和尼斯特鲁河沿岸地区采取信任措施和发展关系协定》。1999年7月16日，四方在基辅举行会谈。参加会谈的乌克兰总统库奇马、俄罗斯总理斯捷帕申、摩尔多瓦总统卢钦斯基、尼斯特鲁河沿岸地区领导人斯米尔诺夫以及欧安会组织的代表共同签署了《关于摩尔多瓦与尼斯特鲁河沿岸地区关系正常化的联合声明》。声明中指出，在政治解决尼斯特鲁河沿岸地区问题过程中不存在宗教、民族和历史矛盾等客观障碍，此次会谈为调解进程的顺利发展铺平了道路。

2000年5月16日，双方再次就蒂拉斯波尔的地位问题举行谈判。基希讷乌方面提交关于在一个国度内尼斯特鲁地区自治地位的文件草案。根据这项草案，尼斯特鲁行政区的领导人将同时在摩尔多瓦政府中担任副总理的职务，蒂拉斯波尔的代表还将在议会中占有一定数量的席位。蒂拉斯波尔拒绝了这项草案，提出了自己的方案。双方的分歧依旧是蒂拉斯波尔坚持要求获得国际法主体地位。双方还讨论了经济问题，如保证投资人的活动、共同使用铁路、修复桥梁、保证能源资源的供给等。

2002年，摩政府设立统一部，负责制定和实施国家统一方面的有关政策及协调尼斯特鲁地区问题的谈判。

2004年7月，尼斯特鲁地区当局强行关闭当地教授罗马尼亚语的学校，一些教师和抗议的家长被逮捕。国际社会予以强烈谴责。摩尔多瓦政府决定对尼斯特鲁地区当局实行制裁。出于报复，尼斯特鲁地区当局也采取了行动来间接打击脆弱的摩尔多瓦经济。

2005年7月，摩尔多瓦议会通过法案，给予尼斯特鲁地区特殊行政地位，但同时强调尼斯特鲁地区是摩尔多瓦不可分割的一部分。10月，美国、欧盟首次作为观察员参加解决尼斯特鲁地区问题谈判，形成摩尔多瓦、尼斯特鲁地区、俄罗斯、乌克兰、欧安组织及美国、欧盟"5+2"谈判机制，至今已举行多轮谈判。

2006年3月，摩、乌宣布在边界尼斯特鲁地区段执行新的海关过货规定，尼斯特鲁地区向乌克兰出口或过境商品必须在摩政府部门登记并办理摩尔多瓦海关手续，否则被视为走私。

2006年9月，尼斯特鲁地区就该地区未来地位问题举行全民公决，78.6%的选民参加了投票。支持该地区独立并随后加入俄罗斯联邦的占97.1%，94%的选民反对放弃独立成为摩尔多瓦的一部分。

近年来，摩尔多瓦政府和尼斯特鲁地区当局就联邦化进行了多次谈判，但讨价还价十分激烈。尼斯特鲁地区问题迟迟没有结果。

第二节 宗教信仰

摩尔多瓦一半人口为基督徒，其中大多数信奉东正教，约占总人口的47%，占基督徒总数的93%。

早在摩尔多瓦公国时期，东正教的影响就已深入人心。当时，摩尔多瓦的东正教教会隶属于君士坦丁堡（拜占庭）大牧首管辖的教区。最初，摩尔多瓦东正教界的神职人员均由相邻的斯拉夫国家派出。后来，摩尔多瓦公国的统治阶层为巩固自己对宗教事务的统治权，不顾东正教大牧首的反对，1387年由彼得·穆沙特大公自立摩尔多瓦公国希腊正教主教，这导致了摩尔多瓦教会与拜占庭教会之间的尖锐冲突。后来，仁者亚历山大说服君士坦丁堡教长承认摩尔多瓦人约瑟夫为摩尔多瓦主教，解决了冲突。

摩尔多瓦教会社团成员共约228万人，教会人员154万人，教堂740多个。其中东正教社团成员211万人，教会成员146万人，教堂近410个。

天主教于13世纪建立立米力克沃教区，15世纪建立巴亚主教区，1883年建立雅西教区。天主教徒于1906年获准集资在摩尔多瓦境内修建教堂。1915年竣工建成的圣德米特里亚夫大教堂是摩尔多瓦天主教会的主教堂。天主教徒做礼拜时使用5种语言。1993年，天主教开始在摩尔多瓦成立教会和分教会，现已建立10个教会、6个分教会。天主教组织有罗马天主教教堂、福音基督教派、基督复临安息旧教堂等。天主教社团人数约8.7万人，教会成员约5.2万人，教堂近30个，包括东仪天主教会（社团人数约6万人，教会成员约3.6万人，教堂20多个）、罗马天主教会（社团人数约2.7万人，教会成员约1.6万人，教堂8个）。

新教也先后传入，以浸礼会和五旬节派为主，信徒约占总人口的2%。新教浸礼会社团人数约5.4万人，教会成员约2.2万人，教堂190个。五旬节派社团人数约1.7万人，教会成员约6 400人，教堂72个。路德教社团人数约2 700人，教会成员约1 600人，教堂14个。

其他教会社团人数约8 300人，教会成员约3 300人，教堂32个，其中基督复临安息会（社团人数约1 400人，教会成员约560人，教堂5个）、耶和华见证会（社团人数约2 500人，教会成员约800人，教堂7个）。此外，摩尔多瓦境内还活跃着犹太教、印度教等宗教或派别。

第三节　　传统风俗

摩尔多瓦人是东欧比萨拉比亚地区的居民，曾称摩尔达维亚人，主要分布在摩尔多瓦，部分分布在乌克兰、俄罗斯。另有部分摩尔多瓦人分布在欧洲和美洲，属欧罗巴人种东欧类型。摩尔多瓦人使用的摩尔多瓦语，分西北、东北、中央和西南四种方言，属印欧语系罗曼语族，有以斯拉夫字母为基础的文字。

摩尔多瓦人的远祖系居住在巴尔干半岛北部和喀尔巴阡山山前地带的瓦拉赫人，公元初曾被罗马化，6世纪起又受到南斯拉夫人和东斯拉夫人的影响，故在其民族构成中曾先后吸收了罗马人和斯拉夫人的成分。过去，摩尔多瓦人主要从事农业。北部和南部地区多种植玉米、小麦等作物，中部以从事园艺业为主，是葡萄酒的主要产地。摩尔多瓦人还从事编织地毯和制作葡萄酒木桶等手工业。近些年来，工农业得到迅速发展，主要工业部门有食品工业、机器制造等。农业以种植葡萄、其他水果和蔬菜为主。在社会和家庭生活中保留有父权制残余。

由于历史和地理原因，摩尔多瓦的主要节日、禁忌、穿着、饮食、婚庆等与俄罗斯、乌克兰这些东欧国家大体相同。

一、传统节日

（一）新年

新年是摩尔多瓦人民最隆重的节日。过新年的民俗仍旧保留至今。新年前的夜晚，家家户户的房门都要留一条缝，人们期盼旧的岁月从门缝里悄悄溜走，新的希望随之而来。新年之夜，绝大部分人彻夜不眠，走上街头举行新年大联欢。小伙子们则要扛着祖传的犁挨门挨户祝贺节日，祝愿人人幸福如意。这项活动一直要持续到第二天早上才结束。新年期间的另一项重大活动是表演形式多样的民间新年剧。年轻人头戴面具，穿上剧装扮演剧中的马、熊、羊等动物。经常上演的传统剧目有：《玛朗卡》《布诺拉》《日亚那》《阿尔纳乌特人》《老人们》。新年诗歌演唱会在20世纪四五十年代曾一度中断，70年代这一文化传统开始复兴，保留至今。

（二）洗礼节

洗礼节是摩尔多瓦东正教的重要节日，在公历1月19日这一天往往举行入教仪式和新生儿的命名日受洗。洗礼节前一天（1月18日），人们习惯占卜。特别是女孩子往往在这一天晚上占卜自己的终身大事。

（三）复活节和狂欢节

复活节和狂欢节是摩尔多瓦民间十分重视的宗教节日。复活节每年从4月底至5月初的第一个星期日开始，历时7天。复活节前的第八周是狂欢节，历时7天。

（四）三月胸花节

3月1日是摩尔多瓦人迎接春天来临的节日。这一天，人人都在胸前戴上用红、白绸线编织的小花。白色象征心灵美好、纯洁，能给人带来爱与和平，红色代表太阳和大自然的复活，带给人类健康和力量。这一节日也称为"迎春花节"。

二、迷信与禁忌

世界各地的风俗都有自己的地方特色，在长久的历史发展中形成了自己独有的风俗和禁忌。

摩尔多瓦现在也是多元种族和多种宗教信仰并存的，因此，要注意尊重不同种族和不同宗教信仰人士的风俗习惯。

摩尔多瓦人讲礼貌，重礼节。摩尔多瓦人相见时会互相拉住对方的手问好。他们纯朴、好客。朋友到家，主人会拿出家里最好的食物款待客人。

摩尔多瓦人有一种名副其实的讲究效率的声誉。馈赠要针对个人，即使是以公司的名义。

在商务方面摩尔多瓦人通常不动感情，做出决策较慢，并不是为了同幕僚商量，而是不愿仓促表态。

有时候摩尔多瓦人也强调个人信誉，宁愿受点损失也不愿公开承认失误。如果你认为他们在协议中无意间受到了损失而帮助他们，那么便永久地赢得了他们的友谊和信任。

摩尔多瓦人非常好客，常用葡萄酒当饮料招待客人。在这种情况下，客人不应拒绝主人的盛情，而应与主人干杯，一饮而尽，以示对主人的友好和尊重。同桌进餐时，主人忌讳别人玩弄刀叉或磕碰餐具，端起盘子吃菜喝汤也是很不雅观的。在别人家里做客，不经主人允许，不要擅自闯入主人的卧室或坐在床上，这是极不礼貌的行为。

摩尔多瓦人忌讳13这个数字，认为这是凶险和死亡的象征，相反却喜欢7这个数字，认为7能带来成功和幸福。

三、传统服饰

每逢节日，摩尔多瓦的男女老少都要穿上民族服装。几个世纪以来，摩尔多瓦民族形成了独具特色的民族服饰。

成年男子穿家织土布缝成的白色古罗马式长大褂和裤腿细长的白色麻布裤，外套呢制的西装背心，入冬穿皮坎肩或毛坎肩，着短羊皮袄，头戴小羊皮帽，脚蹬自制皮靴，腰间束红色、绿色或是蓝色的宽腰带。腰带长度一般为3米。男用腰带不仅具有实用价值，而且具有极强的装饰性。妇女头扎大方巾，上身穿白底彩绣衫衣，外套宽大长裙，裙外扎毛料或亚麻布的围裙。摩尔多瓦妇女的裙子一般用深色的纯毛面料制成。裙子上面绣有五彩几何图案。裙腰部配有窄腰带。冬季，男女均穿上自制的皮毛外套。

摩尔多瓦传统服饰见证着民间手工艺者的高超技艺、民族审美的典范、民族传统的传承。摩尔多瓦传统服饰的最大特色是刺绣。刺绣的特点是非常讲究色彩的运用，并大量使用金银装饰。花纹不许重复，不许脱离传统。每个姑娘必须根据地方传统为自己制作服饰，展示个人品位。服饰应该符合穿着者的个性、年龄、社会地位，与其眼睛、头发的颜色相配。所以不会有两件一模一样的衣服，图案、颜色、比例都不同。不同时期、不同季节、不同地域、不同社会阶层衣着有各自特点，不同节日、婚丧都有相应功能匹配的服饰。

现在，民族服饰在农村的老年人中仍有保留，年轻人已很少穿着，大多在电影和舞台上使用，已逐渐成为摩尔多瓦民族艺术的象征。

❀ 四、婚庆活动

摩尔多瓦人最隆重的家庭节日是挖井、盖房和婚庆。

摩尔多瓦人认为盖房、生子、种树、挖井是人生中最重要的几件大事。在摩尔多瓦至今流传着一句古语："不盖房、不立子、不栽树、不挖井者，枉度一生。"其中，挖水井和盖房又是重中之重。各家各户都视水井为家业兴旺发达的重要象征。

婚庆是摩尔多瓦人家庭中的盛大节日。持续数天的婚礼仪式内容丰富，独具一格。秋季是摩尔多瓦人举行婚礼的季节。婚礼前要进行求婚、订婚、答谢等仪式。婚礼通常在男方家举行，首先新郎携带礼物到丈母娘家接新娘。新娘的父母向新人表示祝福以后，取出嫁妆，送新娘到婆家。然后在新郎家的"卡萨玛雷"（意为大房子，即家居中最豪华的房间）举行非常隆重的酒宴。这时，一对新人须手持蜡烛从"长明火"房中取来象征生命、光明和吉祥如意的"爱之火"，向双方父母行礼，以示感谢和尊敬。整个婚礼过程中充满了诗歌朗诵、舞蹈和唱歌。参加婚礼的亲朋好友尽情地狂欢，直到天明。黎明时，大家蹲坐片刻，让新娘抱上一个婴儿，以此祝福她多生贵子，然后丈夫携着妻子走向屋门。在新人跨过门槛之前，众人向他们头上、身上撒粮食，祝他们年年有余。

❀ 五、饮食

摩尔多瓦的饮食以其天然、具有刺激性和营养丰富而著称。大自然非常慷慨，给予了摩尔多瓦大量葡萄、其他水果、蔬菜、肉类、奶制品和谷物，而所有这些在摩尔多瓦的食物中都会用到。

（一）摩尔多瓦的饮食特色

摩尔多瓦饮食对居住在这片土地上的其他民族的传统食物产生了巨大影响，同时也融合了乌克兰、保加利亚、俄罗斯饮食的一些元素，还有一些元素则是几个世纪前取自希腊和土耳其的食物。摩尔多瓦位于乌克兰和罗马尼亚之间，历史上曾分属罗马尼亚和苏联，因此许多民俗既有俄罗斯的风格，又有罗马尼亚民俗的影子。

腌泡菜也是摩尔多瓦人的拿手好戏，不过他们更喜欢把泡菜做成罐头存起来。当地人说，因为该国气候比罗马尼亚更冷，蔬菜又都是应季的，没有中国那样的大棚，过季就吃不到了。所以一到秋天，摩尔多瓦人就买回成堆的蔬菜、大大小小的玻璃瓶子和密封工具。等罐头做好后就搬到地下室储存起来。一个冬天随吃随取，照样有滋有味。

传统饮食中用到的食材包括各种蔬菜，如西红柿、青椒、茄子、白菜、豆子、洋葱、大蒜等。蔬菜用来做沙拉和酱，在烘烤和用盐腌制后，再用罐子装起来，这是一种真正的食品艺术。玉米和玉米面会给汤、饼干、麦片、软饮料等传统饮食增添一份独特的色彩。

最常见的是一种美味、精致的黄色麦片粥或玉米粥，常与肉丁、奶酪、油炸肉等一起食用。第一道和第二道肉在摩尔多瓦饮食中占有特殊的地位。最普通的是鸡汤、菜炖牛肉、烤肉、肉末烤卷等。许多道肉菜都是在炭火上烤的，但必须先挑好肉，再放到铁格子上去烤。

摩尔多瓦人节假日离不开酸菜卷、肉果冻、面条等食物。传统餐桌上，如果没有饼干、馅饼、沾有糖浆和水果的蛋糕，就不能算作完整。摩尔多瓦各地都有极具当地风格的食物。

东部的乌克兰族人钟爱罗宋汤，南部的保加利亚族人会端上美味的鸡肉酱，俄罗斯族人则会拿出他们的传统食物——肉卷。

　　摩尔多瓦人有吃生肉皮的习惯。摩尔多瓦市场上卖的肉，卫生检疫严格，都是在火上熏过的。

　　摩尔多瓦人吃鸡蛋也特别讲究鲜嫩。鸡蛋只是稍微煮一下，仍然呈稀汤状，并放在专门用来吃鸡蛋的高脚玻璃杯里，然后一小勺一小勺地舀着吃。

（二）摩尔多瓦葡萄酒

　　摩尔多瓦共和国地处东南欧，葡萄种植及葡萄酒酿造业发达，在苏联和东欧国家中享有很高声誉。摩产葡萄酒口感纯正、质量上乘、价格低廉，可与法国葡萄酒媲美。在葡萄种植及葡萄酒酿造领域，无论从基础研究、应用技术推广、科研力量、加工工艺、管理水平还是到葡萄酒的品质、种类、包装而言，摩尔多瓦被冠以"葡萄酒王国"的美誉都当之无愧。

　　所以摩尔多瓦人酒不离口就不足为奇。摩尔多瓦人不但自己酒量惊人，连首次招待客人也是以酒代茶，很有些俄罗斯人豪饮的风范，不过他们喝的并非伏特加，而是葡萄酒。这也可以理解，摩尔多瓦原本就是著名的葡萄酒之乡，产量和品质都享有盛名。有人曾戏言，摩尔多瓦的葡萄酒比矿泉水还便宜。美国有线电视新闻网评选的"世界上最爱喝酒的国家"，摩尔多瓦榜上有名。

　　摩尔多瓦有着世界上最大的"地下酒城"。处在地下80多米深的这个"酒的王国"，以各种名酒命名的街道纵横交错。如果没有交通路标的指示，你的汽车就没法走出这个酒的迷宫。街道两旁整齐排列的都是20吨左右容量的大酒桶。酒桶必须用考究的橡木制作，有利于发酵，并赋予酒一种芳香。

　　品酒是一门高深的学问：一要看色泽；二要闻其香；三要摇，看它是否挂杯；四才是品其味。品酒的专家能品出每一种酒的生产年份、葡萄的品种。

　　摩尔多瓦红酒通常搭配美味食物。例如，强劲的赤霞珠适合搭配丰盛的纽约牛排；味道较重的食物，如蓝纹奶酪应该配以可口的波特酒；清淡的菜品，如鱼，应选择口感细致的葡萄酒，如霞多丽。人们经常说红酒配红肉、白酒配白肉，即鸡肉、鱼肉等配白葡萄酒，牛肉、羊肉等配红酒。同时还要考虑整体的菜色，如果鸡肉蘸食口味浓的番茄酱料，那么与酒体轻、口感淡的红酒搭配最佳。如果美食口味丰富，那么就考虑其最突出的特点，这样更能抓住重点配酒。

采用橡木桶陈酿的葡萄酒都带有浓重的橡木味，可能压倒食物的味道，因此一般说来，橡木味较淡的酒更容易搭配食物，不仅能提升食物的风味，还能让葡萄酒与食物互补。盐可以让葡萄酒尝起来更柔和，果香更浓郁，同时还能降低酸度，改善口感。

第四节 科学教育

依据现行立法，教育是摩尔多瓦头等优先的领域。科学研究则是教育之本。

一、科学研究

自然科学方面，植物栽培学、生理学、生物化学、农艺学、医学、化学、物理学、数学、工程学、地理学、地质学等是摩尔多瓦学界的优势学科。

社会科学的优势则体现在哲学、历史、经济学、法学等学科。摩尔多瓦独立以后，仍然沿袭了苏联时期建立的科学机构。全国共有68个科研院所（包括大学中的科研单位）。主要的科研机构是摩尔多瓦科学院。该院创建于1960年，院址设在首都基希讷乌，科学院下设3个学部。

摩尔多瓦学术界和世界各国，主要是独联体国家的学术界保持着密切的联系。双方学者共同进行科研工作、定期互访、召开学术会议、交换出版物、培训干部和交换信息。摩尔多瓦科学院在控制论、物理学、考古学、历史学等学科和俄罗斯进行合作；在数学、物理学、化学、工程科学方面和罗马尼亚、匈牙利、德国、捷克的学术界有着合作关系。

二、教育体制

1995年颁布的《教育法》为教育改革的实施提供了法律依据。国家保障公民受教育的权利，不分民族、性别、种族、年龄、出生和社会地位、政治或宗教派别、是否有过犯罪等，并确保人人都能依据自身实力平等享有中等教育、职业教育和高等教育。

全国实行免费义务教育。教育结构分为：学龄前教育、初级教育、中等教育和高等教育。主要高等院校有摩尔多瓦国立基希讷乌大学、摩尔多瓦国立农业大学、基希讷乌国立师范学校、医学院、艺术学院、音乐学院等。

（一）小学和中学教育

学生享有各种权利，并受到社会的广泛保护。摩尔多瓦实行九年义务教育，其中包括四年小学教育和五年初中教育，学生年龄为7—16岁。

初中毕业后，学生可以通过竞争性考试继续接受教育：

（1）三年的高中教育（10—12年级）；

（2）三个级别的全面职业学校，最长为五年；

（3）以某一行业或相关行业的专业技能培训为主的职业学校，为半年——一年半的时间。

（4）有艺术或体育天赋的孩子，也可以在中学接受相关的专业教育。

（二）高等教育

摩尔多瓦的高等教育包括以下几种。

（1）大学教育：主要是指在学院、综合性大学和研究院所接受的四—六年的高等教育。

（2）大专教育：通过学院来推行的2—3年的短期高等教育。高等教育机构的学生可同时学习两个专业。

（3）获得本科学位的学生还可以通过竞争性考试继续接受研究生教育。获得硕士学位后，需要再通过考试，申请博士学位的学习。除了公立教育，摩尔多瓦还有私立教育，属非营利性质，严格遵守公立教育的标准。

政府会每年拨一部分预算用于教育，至少占国内生产总值的7%。

依据法律规定，高等教育机构的人员培训专业有166种，其中有160种大学专业、155种短期高等教育专业（学院）。摩尔多瓦有45个大学性教育机构、63个学院和83个中等职业机构。摩尔多瓦还有88个研究机构（62个研发机构、16个项目开发机构和10个大学教育机构）。首都基希讷乌是高等教育的中心。国立基多讷乌大学、摩尔多瓦经济学院、理工大学、医科大学、农业大学是国内最主要的高等教育机构。法国的格勒诺布尔高等学院和美国新泽西州的纽波特大学为基希讷乌的大学提供远程教育课程。

中国留学生在摩主要集中在国立大学、经济学院等院校学习。学生学费、食宿费用相比其他国家并不算高，但学生基本没有打工的机会，所需各项费用完全靠家庭支付。中摩两国至今未签署相互承认学历的协定。上述院校各专业绝大部分课程用俄语授课。

第五节　大众传媒

一、报刊和图书馆

全国共发行报刊187种，其中半数为摩尔多瓦文版，其余为俄文版或摩、俄两种文字版。

主要报纸有：《主权摩尔多瓦》（每周出4期摩文版、1期俄文版）、《独立摩尔多瓦》（政府报，俄文）、《经济评论》（俄文）、《潮流报》（摩文）、《信使报》《星期周报》《自由报》《时刻报》《基希讷乌新闻》（俄文）、《摩尔多瓦共青团真理报》（俄文）。主要刊物有：《比萨拉比亚》《摩尔多瓦妇女》《摩尔多瓦与世界》《摩尔多瓦文学》。

全国有图书馆1 965座，馆藏书刊约2 800万册。全国最大的图书馆是摩尔多瓦国家图书馆，始建于1832年，馆藏图书共计350多万册。摩尔多瓦科学院图书馆、基希讷乌大学图书馆也是全国知名的图书馆。

二、广播电视

1994年10月26日，摩议会通过《新闻法》。新闻机构和电台、电视台绝大部分经费由国家预算拨款。

1995年10月3日，摩尔多瓦议会通过《广播电视法》。

1999年8月10日，总统发布命令，要求修订《广播电视法》，获得议会批准。修订后的《广播电视法》中对语言的使用做出了新规定，即"无论是国有还是私有广播电视台，其国语节目不得少于节目总量的65%，通过卫星转播的电视节目和为国内少数民族播放的原籍国家的节目除外"。另外该法中还补充规定，有卫星节目转播权的广播电视台必须转播摩尔多瓦国家广播电视台的节目。

通讯社、广播电台主要有摩尔多瓦通讯社（国家）、巴萨通讯社（私营）、因佛达格通讯社（私营）、摩尔多瓦国家电视广播公司下设的摩尔多瓦电台。

摩尔多瓦国家电视广播公司电视台是国家台，目前播出的有电视1频道和国际频道。电视1频道每天播出15小时，3/4的节目是本国制作，主要以电影、新闻和体育节目为主；另外1/4的节目从国外引进，主要以罗马尼亚和乌克兰的节目为主。电视1频道的收视率居全国第二。

其余两家电视台是欧普电视台和首要电视台。欧普电视台是摩尔多瓦最具影响力的电视台，隶属中欧传媒集团。首要电视台是摩尔多瓦收视率最高的频道，主要是重播俄罗斯第一频道的节目。

此外，还有有线、卫星直播、光纤网络等三种收费电视运营机构。

摩尔多瓦首都基希讷乌市政府大楼　（本图片由宿彦文提供）

第七章　外交

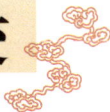

　　摩尔多瓦国家独立的道路既漫长又复杂。1990年，摩尔多瓦人民采用议会方式和平实现了国家独立。1991年8月，摩尔多瓦以独立的主权国家身份登上国际舞台，很快得到世界各国的承认。截至1996年，摩尔多瓦已和世界上的108个国家建立了外交关系。摩尔多瓦在罗马尼亚、美国、德国、俄罗斯、法国、英国、加拿大、中国等22个世界重要国家开设了大使馆。这些国家同样在摩尔多瓦首都基希讷乌设立了大使馆。虽然摩尔多瓦是个小国，但仍然积极参与国际事务。摩尔多瓦继1992年3月被正式接纳为联合国第178个成员国以后，又加入欧安会、独联体、欧洲委员会、国际货币基金组织、世界银行、欧洲复兴开发银行、黑海经济合作组织、"古阿姆"非正式国家联盟集团，并与北约建立"和平伙伴关系"，与欧盟签订合作与一体化协议。另外，摩尔多瓦还在布加勒斯特和莫斯科设立了经贸中心，在美国和德国设立了经贸代表处，同时与韩国、朝鲜、以色列、意大利、比利时、英国、荷兰、法国、土耳其、塞浦路斯、希腊、埃及、叙利亚、芬兰、德国、中国、捷克、匈牙利、波兰、印度、奥地利等国签订了经济合作协议。

第一节　外交政策

　　摩尔多瓦奉行独立自主、广交朋友的中立外交政策。国家独立宣言表示，愿意同欧洲和世界上的一切国家，根据国际法准则及国际现行惯例建立政治、经济、文化和其他联系。同时，摩尔多瓦还和邻国罗马尼亚、乌克兰及俄罗斯保持密切的联系。摩尔多瓦是欧洲国家，回归欧洲，与欧洲一体化始终是摩尔多瓦外交政策中的主旋律。摩尔多瓦是独联体最西部的小国，属于欧洲贫困国家，在政治、经济、安全等诸多方面均有求于西方大国，对国际紧张局势的承受能力有限，容易受到来自大国、强国等外部压力的伤害。

摩尔多瓦存在三种基本外交主张：一是"独立派"，主张摩尔多瓦的对外政策构筑在与世界上所有国家互利合作的基础之上，放弃与罗马尼亚合并的计划，以消除诱发国家分裂的根源，全面巩固国家独立，保持国家统一，恢复和发展同独联体国家的传统经济关系，使国家走出经济困境。二是"入罗派"，主张摩尔多瓦的对外政策应构筑在尽快实现摩尔多瓦和罗马尼亚合并的原则基础之上，反对加入独联体。为实现合并目标，甚至不惜放弃尼斯特鲁河沿岸地区。三是"亲俄派"，主张摩尔多瓦全面加入独联体，进入卢布区，实行双重国籍，和俄罗斯重新结盟。

摩尔多瓦对外政策构想的基本内容如下：

（1）为保证摩尔多瓦周边邻近区域的稳定，首先应与位于摩尔多瓦地缘政治利益区域内的国家，即周边邻国进行合作。这些国家包括罗马尼亚、乌克兰、巴尔干-喀尔巴阡山和黑海-多瑙河地区的国家。

（2）为保障国内政治稳定，摩尔多瓦应和与国内少数民族有种族血缘关系，有语言、历史和文化联系，或者有大量的摩尔多瓦侨民的国家（保加利亚、德国、以色列、俄罗斯、罗马尼亚、乌克兰、美国、土耳其）开展合作。另外，摩尔多瓦还应与拉丁语国家发展友好往来。

（3）与西方经济发达国家，首先是欧洲国家和欧盟成员国发展互利合作关系；重建并扩展与中东欧国家（原经互会国家）的传统经济合作；加入独联体的经济和文化空间，摩尔多瓦与苏联解体后的新独立国家有着共同的经济利益、政治文化精神和历史命运，应以此为基础开展富有成效的合作。在独联体框架内相互协作是摩尔多瓦外交活动中优先考虑的重要方向。

（4）摩尔多瓦不参与军事同盟。摩尔多瓦认为与国际组织和大国进行合作是摩尔多瓦独立与安全的保障。摩尔多瓦的对外政策构想建立在与所有国家进行合作，不依其社会政治制度，不干涉他国内政，中立，全人类共同认同的道德原则基础之上。

第二节　同国际组织的关系

摩尔多瓦积极发展同美国、欧盟国家的关系，将融入欧洲、加入欧盟作为摩尔多瓦内政外交的优先目标，重视发展与俄罗斯、独联体国家的关系。摩尔多瓦已加入联合国、世界银行、国际货币基金组织、欧洲安全与合作组织、欧洲委员会、欧洲复兴开发银行、北约合作委员会等组织。

❖ 一、同联合国的关系

2000年9月5日，卢钦斯基总统赴纽约出席联合国千年首脑会议。

2002年3月，摩尔多瓦总理塔尔列夫赴墨西哥出席联合国主持的"发展集资"国际会议。5月，联合国粮农组织总干事访摩。

2003年3月，摩尔多瓦外长杜德乌出席联合国第59次人权高级会议。9月，摩总统沃罗宁出席联大第58届大会。他在会上表示，将把摩尔多瓦建设成为一个基于民族和语言自由的多元化国家。

2005年9月，摩尔多瓦议长卢普出席在纽约举行的世界议长大会。同月，摩尔多瓦总统沃罗宁出席在纽约举行的联合国成立60周年首脑会议，并在联大发表讲话。

2007年2月16日，摩尔多瓦常驻联合国代表在联合国社会发展委员会第45次会议上当选为该委员会主席。这是摩尔多瓦代表第一次在联合国组织内担任职务。11月8日，摩尔多瓦当选为联合国经社理事会成员，自2008年1月起任期三年。这是摩尔多瓦首次入选经社理事会。

2007年3月30日，摩尔多瓦签署《联合国残疾人权利公约》。

2008年7月1日，摩尔多瓦副总理兼外交部部长斯特拉坦出席在纽约举行的联合国经社理事会部长会议。9月29日，摩尔多瓦副总理兼外交部部长斯特拉坦出席在纽约举行的联合国大会，分别与美国国务卿、土耳其外交部部长巴巴詹、波黑外交部部长阿尔卡拉伊等举行会见。

❖ 二、同其他区域组织的关系

2000年4月，黑海经济合作组织11国外长会议在基希讷乌举行。摩尔多瓦议长迪亚科夫率团参加在克罗地亚萨格勒布举行的《东南欧稳定公约》成员国议长会议。

2001年5月8日摩尔多瓦加入世界贸易组织。6月29日，摩尔多瓦总统沃罗宁在布鲁塞尔签署有关摩尔多瓦正式加入《东南欧稳定公约》的文件。11月7日，摩尔多瓦总统沃罗宁出席在华沙举行的联合反恐大会。

2002年3月，摩尔多瓦总理塔尔列夫赴墨西哥出席联合国主持的"发展集资"国际会议。5月，摩尔多瓦总统沃罗宁赴莫斯科出席欧亚经济共同体国家委员会会议。摩尔多瓦总统沃罗宁出席在斯洛文尼亚举行的中东欧国家首脑第九次会议。6月，黑海经济合作组织首脑会议在伊斯坦布尔召开，摩尔多瓦总统沃罗宁与会。7月，古阿姆国家首脑会议在乌克兰举行，摩尔多瓦总统沃罗宁出席。10月，摩尔多瓦总统沃罗宁赴贝鲁特出席法语国家元首和政府首脑第九次会议。11月，摩尔多瓦总统沃罗宁出席在捷克举行的欧洲-大洋洲伙伴理事会峰会。12月，黑海经济合作组织议会大会秋季会议在希腊举行，摩尔多瓦议长奥斯塔普丘克出席，并接任该议会轮值主席。

2003年3月，世界卫生组织代表团、欧洲人权法院代表团访摩；4月，世界银行负责摩尔多瓦事务的新任执行官梅尔克特访摩。6月，摩尔多瓦总理塔尔列夫率团出席在圣彼得堡举行的国际经济论坛第七次会议；国际货币基金组织执行主任克雷默斯对摩尔多瓦进行考察。

2003年6月16日，摩尔多瓦成为国际移民组织（OIM）的第101个成员。

2004年3月，国际货币基金组织、北约议会代表团应邀访摩。4月，摩尔多瓦外交部部长斯特拉坦率团出席在萨拉热窝举行的东南欧合作进程成员国会议，会议决定，摩尔多瓦该年内以观察员的身份加入该进程并参加该组织的全部活动。摩尔多瓦总统沃罗宁参加在罗马尼亚玛玛亚举行的第11次中东欧十六国峰会。

2004年10月摩尔多瓦以观察员身份加入"东南欧合作进程"。2006年5月4日，以正式成员身份加入"东南欧合作进程"。

2006年9月，摩尔多瓦议长卢普出席在布加勒斯特举行的法语国家集团第11次首脑会晤。10月，世界银行地区部主任伯明翰对摩尔多瓦进行工作访问。

2007年1月摩尔多瓦成为东南欧能源协定正式成员国。

2007年1月22日，黑海经济合作组织秘书长克里桑托布洛斯访摩。2月21日，世界卫生组织地区部负责人马克·宕松访摩。5月11日，摩尔多瓦总统沃罗宁出席在克罗地亚萨格勒布市举行的东南欧合作进程第十次峰会。16日，摩尔多瓦总统沃罗宁、总理塔尔列夫分别会见世界银行地区部主任伯明翰及世界银行新任驻摩尔多瓦代表马拉妮女士。25日，摩尔多瓦总统沃罗宁出席在捷克布尔诺举行的中欧和东南欧国家首脑会晤。6月25日，摩尔多瓦总统沃罗宁出席在伊斯坦布尔举行的黑海经济合作组织首脑会晤，其间，分别会见了土耳其总统、乌克兰总统。11月21日，摩尔多瓦接任2008年中欧和东南欧自由贸易协定组织轮值主席。27日，塔尔列夫总理出席在保加利亚举行的中欧倡议国组织政府首脑会议。会上，摩尔多瓦正式担任中欧倡议国组织轮值主席国，任期至2008年11月。

2008年4月14日，摩尔多瓦议长卢普出席在索菲亚举行的东南欧合作进程组织成员国议长会议，自5月起，摩尔多瓦担任该组织轮值主席。5月21日，摩尔多瓦总统沃罗宁出席在保加利亚举行的东南欧合作进程组织成员国国家和政府首脑会晤。6月2日，世界银行地区部主任伯明翰对摩进行访问，与摩尔多瓦总理格雷恰内进行会见，并与摩尔多瓦财政部部长签署关于世行向摩提供1 000万美元的贷款协定，以支持摩消除贫困、发展公用事业计划。9日，摩尔多瓦议长卢普出席在雅典举行的黑海经济合作组织成员国议长会晤。16日，东南欧地区合作委员会秘书长比什切维奇对摩进行访问，摩尔多瓦总统沃罗宁与其会见。30日，摩尔多瓦内务部部长梅任斯基出席在格鲁吉亚巴图米市举行的"古阿姆"集团第三次峰会，并签署了《巴统宣言》。7月28日，摩尔多瓦总理格雷恰内出席在奥地利举行的"21世纪东南欧稳定"峰会。8月1日，国际红十字会向摩尔多瓦提供180万列伊援助用于水灾救助。11日，世界银行宣布向摩尔多瓦提供700万美元援助，以减少食品价格上涨带来的影响。25日，世界银行向摩尔多瓦提供600万美元援助用于救助前一年旱灾。

❖ 三、同欧盟、欧安组织、欧洲委员会的关系

摩尔多瓦长期的战略任务是与欧洲一体化。在这方面，摩尔多瓦一直在争取法国的支持。法国在摩尔多瓦的外贸中占第九位，是摩尔多瓦水泥销售的主要客户。1999年，摩尔多瓦和法国开始讨论制定1999—2003年政府间合作纲要。摩尔多瓦是独联体国家中第一个成为欧洲委员会成员国并与欧盟签订伙伴和合作条约、加入《东南欧稳定公约》的国家。这意味着摩尔多瓦将全权参与建设新的、文明的、没有紧张源的欧洲的进程。摩尔多瓦正在履行对欧洲社会的承诺，建立法治的公民社会，尊重人权，保护私有财产，保障民主和经济多样性，按照欧洲标准建立国家法制。摩尔多瓦议会已批准《欧洲人权公约》《保护少数民族协议》《关于地方自治的欧洲宪章》等欧洲委员会的一系列文件，以保证摩尔多瓦发展为公民社会。摩尔多瓦现领导的首要目标是加快与欧洲一体化步伐，而欧洲社会已确认摩尔多瓦社会的民主改革进程不可逆转，摩尔多瓦的文化和改革方向真正属于欧洲家庭。

（一）加入欧盟进程

从1998年11月1日开始，每一位摩尔多瓦公民都可以自由进入欧洲人权法庭。

1999年6月24日，摩尔多瓦总统在欧洲委员会会议上发言30分钟，介绍国内的政治经济形势，以及作为欧洲委员会成员国所应履行的义务问题。

2000年1月25日，摩尔多瓦总理布拉基什和外交部部长特伯卡鲁出席在布鲁塞尔举行的摩尔多瓦－欧盟合作委员会第二次会议。布拉基什与欧盟委员会秘书长索拉纳举行会晤，重申了摩尔多瓦希望加入欧盟的愿望。1月31日，摩尔多瓦总统发言人表示，卢钦斯基总统对欧盟扩大至摩尔多瓦西部边界表示欢迎。摩尔多瓦将支持任何有利于其加入欧盟的建议和行动。

2001年4月，摩尔多瓦总理塔尔列夫率政府代表团出席在布鲁塞尔举行的摩尔多瓦－欧盟合作委员会第三次会议。

2003年4月，欧委会议会大会常务委员会会议在摩尔多瓦举行，

此系摩尔多瓦加入欧委会以来首次主办欧洲级会议。同月，"东南欧合作进程"（SEECP）成员国国家元首及政府首脑会议在贝尔格莱德举行，摩尔多瓦以观察员身份与会。同月，摩尔多瓦总统沃罗宁出席在萨尔斯堡举行的第十次中欧国家元首会议。6月，摩尔多瓦外交部部长杜德乌出席在马德里举行的欧洲-大西洋伙伴关系委员会（CPEA）例会。同月，摩尔多瓦外交部部长杜德乌代表摩尔多瓦以特邀国身份出席在萨拉热窝举行的东南欧合作进程成员国外长会议。同月，摩尔多瓦总统沃罗宁抵布鲁塞尔进行工作访问，沃罗宁与欧洲议会副议长波德斯塔、北约秘书长罗伯逊、欧盟委员会主席普罗迪等举行了会谈。同月，摩尔多瓦宪法法院院长普什卡什率团对斯特拉斯堡欧委会及欧洲人权法院进行正式访问。摩尔多瓦外交部部长杜德乌出席欧委会议会大会例会，并提交部长委员会工作报告。9月，摩尔多瓦总统沃罗宁会见欧洲委员会秘书长施威梅尔。11月，欧洲委员会第113届部长理事会在摩尔多瓦举行，会上，摩将轮值主席国一职移交荷兰。

2004年摩尔多瓦与欧盟就摩入盟问题第一轮谈判结束，双方2004—2006年行动计划第二轮磋商在布鲁塞尔举行。2004年2月，"摩-欧盟行动计划"磋商在布鲁塞尔举行，摩尔多瓦总理塔尔列夫率团参加，并会见了欧盟理事会秘书长索拉纳。摩尔多瓦议长奥斯塔普丘克出席在斯特拉斯堡举行的欧洲议会大会，先后会见了欧洲委员会秘书长施威梅尔、欧洲委员会议会主席施德尔。4月，摩尔多瓦与欧盟签署欧盟国家和摩伙伴与合作协议附加议定书。6月，摩尔多瓦与欧盟行动计划第三、四轮磋商分别在基希讷乌和布鲁塞尔举行。欧安组织执行主席帕西访摩。8月，欧盟代表团访摩。10月摩尔多瓦总统沃罗宁颁布法令，决定在布鲁塞尔设立摩尔多瓦驻欧盟代表处。11月，欧盟"三驾马车"代表团访摩，与摩尔多瓦总统沃罗宁会见。

2005年1月，应摩尔多瓦总统沃罗宁邀请，欧洲委员会秘书长戴维斯访摩。2005年2月，第七次摩-欧盟合作委员会会议在布鲁塞尔举行，摩尔多瓦总理塔尔列夫代表摩政府与欧盟正式签署了《摩-欧盟行动计划》生效的议定书。3月，欧盟委员会任命塞格德为欧盟驻摩特别代表。3月和10月，欧安组织轮值主席、斯洛文尼亚外交部部长鲁佩尔两次访摩，先后会见摩尔多瓦总统沃罗宁、议长卢普和副总理兼外交部部长斯特拉坦。5月，摩尔多瓦总统沃罗宁出席在波兰首都华沙举行的欧洲委员会峰会，并分别会见欧洲委员会秘书长戴维斯、欧盟委员会负责对外关系的委员瓦尔德纳。6月，摩尔多瓦总统沃罗宁访问布鲁塞尔和斯特拉斯堡，先后会见北约秘书长夏侯雅伯、欧盟理事会秘书长兼欧盟负责外交与安全事务高级代表索拉纳、欧洲议会议长博雷利、欧盟委员会主席巴罗佐。7月，欧洲委员会秘书长戴维斯访摩，出席摩尔多瓦议会为摩加入欧洲委员会10周年举行的庆祝活动。8月，摩尔多瓦总统沃罗宁颁布法令，成立制订和实施《摩-北约伙伴关系行动计划》的国家委员会。12月，第13届欧安组织部部长理事会在斯洛文尼亚首都卢布尔雅那举行，摩尔多瓦副总理兼外交部部长斯特拉坦率团出席。

2006年4月，摩尔多瓦总理塔尔列夫出席在卢森堡举行的摩-欧盟合作委员会会议，并与卢森堡首相、欧盟内部关系和内政事务委员会及欧盟委员会秘书长索拉纳举行了会见。5月，欧安组织轮值主席、比利时外交大臣德古赫特访摩。7月，欧盟欧洲议会主席林德访摩。10月，摩尔多瓦议长卢普赴斯特拉堡对欧洲委员会议会进行工作访问。

2007年2月14日，摩尔多瓦议长卢普会见到访的欧洲理事会秘书长特别代表里斯托夫斯基。3月29日，欧洲议会议员、外交委员会副主席尼科尔森访摩。4月16日，摩尔多瓦议会副议长波斯托依科率团出席欧洲委员会议会大会。27日，摩尔多瓦总统沃罗宁会见欧盟负责摩尔多瓦事务的特别代表兼欧盟尼斯特鲁地区问题谈判代表卡尔曼·米热。5月16日，欧安组织议会议长莱恩·马克访摩。6月6日，沃罗宁总统与欧盟理事会秘书长兼欧盟共同外交与安全政策高级代表索拉纳通电话，就摩-欧洲一体化进程问题交换意见。18日，摩尔多瓦总统沃罗宁访问布鲁塞尔和卢森堡，出席摩-欧盟合作委员会第九次会议，其间，分别会见了北约秘书长夏侯雅伯、比利时瓦隆大区领导、欧盟负责对外关系和欧洲睦邻政策委员瓦尔德纳、欧盟理事会秘书长兼欧盟共同外交与安全政策高级代表索拉纳和德国外交部部长施泰因迈尔、卢森堡大公亨利、卢森堡首相容克、欧洲投资银行行长马斯塔德。10月1日，摩尔多瓦议长卢普率团出席欧洲委员会议会秋季会议，其间，分别会见了欧洲委员会议会议长范德林登、秘书长戴维斯。

2008年1月14日，摩尔多瓦总统沃罗宁访问欧盟总部，与欧委会主席巴罗佐会见。2月9日，摩尔多瓦总统沃罗宁出席第44届慕尼黑安全政策会议。4月22日，摩尔多瓦议长卢普出席在法国斯特拉斯堡举行的欧洲委员会成员国议长会议。27日，摩尔多瓦总统沃罗宁出席在布鲁塞尔举行的摩-欧盟合作委员会第十次会议。2008年6月26日，欧盟领导人致信摩尔多瓦总统沃罗宁，表示希望在实施欧洲睦邻政策、欧盟-摩伙伴合作协议及解决尼斯特鲁地区问题等方面与摩加强合作。

时任摩尔多瓦总统蒂莫夫蒂多次表示希望摩尔多瓦于2015年递交加入欧盟的申请并启动入盟谈判。但欧盟委员会主管睦邻政策和扩大谈判事务的委员约翰内斯·哈恩在与拉脱维亚议会外事委员会的会见中表示，摩尔多瓦和乌克兰考虑加入欧盟问题时应面对现实，拉脱维亚应该说服他们首先做好自己的功课。过早启动申请加入欧盟的谈判不是明智的，关键问题是如何做好加入欧盟的准备。容克在就任欧盟委员会主席之初即明确表示，未来5年内不再有任何国家加入欧盟。

2016年12月23日正式宣誓就任总统的伊戈尔·多东撤除在总统府大楼上的欧盟旗帜，同时将总统府网站中的罗马尼亚语改为摩尔多瓦语。

（二）欧洲参与摩尔多瓦国内事务

2000年12月6日—8日，欧盟"三驾马车"代表团对摩尔多瓦进行工作访问，评估欧盟参与解决尼斯特鲁地区冲突及从该地区撤出俄军队和武器等问题。摩尔多瓦总统卢钦斯基、总理布拉基什、外交部部长特伯卡鲁分别会见了代表团。

2001年1月，摩尔多瓦总统卢钦斯基与欧安组织驻摩代表希尔就解决尼斯特鲁地区冲突问题进行会晤。5月22日，欧安组织议会大会主席塞维林对摩尔多瓦进行工作访问。12月，欧盟发表声明，不承认摩尔多瓦尼斯特鲁地区进行的"总统选举"，也不承认"沿岸共和国"的存在。

2002年1月，欧洲委员会议会议长琼斯顿访摩。3月，欧安组织轮值主席、葡萄牙外交部部长伽马访摩。4月，摩尔多瓦总统、总理及摩共议员团主席联合致电欧委会部长理事会主席，介绍摩尔多瓦政局，并请欧委会派观察小组来摩监督摩国内形势。欧安组织少数民族问题高级专家艾克尤斯访摩。摩尔多瓦总理塔尔列夫赴卢森堡出席摩与欧委会合作委员会第四次会议。欧委会副秘书长汉斯访摩。欧委会议会召开全体会议，讨论摩尔多瓦国内局势，并通过决定，要求摩尔多瓦议会、政府与反对党通过对话解决摩国内政治危机。5月，摩尔多瓦外交部部长杜德乌赴维尔纽斯出席欧委会部长理事会会议。10月，欧委会秘书长施威梅尔访摩。12月，摩尔多瓦外交部部长杜德乌赴葡萄牙出席欧安组织部长理事会第十次会议。

2003年3月，摩尔多瓦总统会见欧安组织代表团。4月，荷兰外交大臣、时任欧安组织主席德霍普斯赫弗尔访摩。4月，欧洲委员会秘书长施威梅尔对摩进行工作访问。5月，欧安组织议会大会主办的摩尔多瓦联邦制问题研讨会在摩举行。

2004年7月，欧安组织常设理事会在维也纳召开特别会议，讨论解决尼斯特鲁地区冲突问题，摩尔多瓦统一部部长绍瓦、欧安组织驻摩大使希尔出席。9月，欧安组织执行主席特别代表、保加利亚前总统斯托扬诺夫访摩，先后会见摩尔多瓦总统沃罗宁和摩尔多瓦统一部部长绍瓦。12月，摩尔多瓦外交部部长斯特拉坦出席欧安组织部长理事会索菲亚会议。由于俄罗斯的反对，会议未能达成最终的政治声明，"摩尔多瓦稳定与安全声明"未能签署。

2007年2月19日，欧盟理事会通过延长一年禁止尼斯特鲁地区领导人入境的决定。9月4日，欧洲委员会向摩尔多瓦提供400万欧元用以消除贫困。9月7日，欧安组织轮值主席、西班牙外交部部长莫拉蒂诺斯访摩。莫表示在解决尼斯特鲁地区冲突问题上必须坚持摩尔多瓦领土完整原则。莫还访问了"沿岸共和国"，并与斯米尔诺夫等人会晤。10日，摩尔多瓦外交部部长斯特拉坦和欧盟轮值主席国葡萄牙外交部国务秘书安杜奈斯在布鲁塞尔签署关于简化签证手续及引渡协定。14日，欧盟副主席，负责欧盟司法、自由和安全事务代表弗拉蒂尼对摩尔多瓦进行访问。11月9日，欧洲委员会秘书长戴维斯访摩。戴还访问"沿岸共和国"，并会见了该地区"议长"舍夫丘克。

2008年6月23日，摩尔多瓦总统沃罗宁与欧盟共同外交与安全政策高级代表索拉纳通电话，双方就尼斯特鲁地区问题交换了意见。12月2日，欧盟委员会欧洲、南地中海、近东及睦邻政策国家地区主任科尔纳罗访问摩尔多瓦，科与摩方签署了欧盟委员会向摩提供

1 500万欧元援助用于基础设施建设的协议。12月8日，摩尔多瓦议长卢普对法国斯特拉斯堡进行访问，分别与欧洲理事会秘书长戴维斯、欧洲议会副议长西文举行会见。

❀ 四、同北大西洋公约组织的关系

摩尔多瓦领导人十分重视与北约的合作，并想借此加快融入欧洲的进程。

1994年5月与北约签署了"和平伙伴关系"计划。摩尔多瓦领导层认为，摩尔多瓦凭借和平伙伴关系计划，在建立欧洲新的安全和合作关系时，将与其他国家处于相同的地位。另外，摩尔多瓦可以在北约的帮助下，建立一支符合国际标准的现代化的国家军队。还有，扩大与北约的合作是保证本国和本地区及国际安全的必要条件。摩尔多瓦要求俄罗斯驻尼斯特鲁地区的第十四集团军立即无条件撤出的要求得到了北约的支持。在与北约的合作中，双方的领导人（总统、外交部部长、国防部部长）在北约总部的会晤已成惯例。北约的高级领导人经常访问摩尔多瓦。

1997年2月，北约秘书长索拉纳首次访问摩尔多瓦。之后，北约秘书长又两次访问摩尔多瓦。访问期间，北约秘书长表示，摩尔多瓦是保证东南欧安全的重要国家。北约必须在东南欧建立长期的稳定和和平，并继续关注波西米亚和科索沃，同时要为上述地区和摩尔多瓦制定出更加广泛的经济复兴、安全、稳定的纲要。在这一点上，北约将进一步深化和摩尔多瓦的伙伴关系。同时，秘书长表示并不要求摩尔多瓦加入北约。双方一致认为，双方的伙伴关系与合作是保证当前欧洲安全和东南欧大陆稳定的关键因素。这正是《和平伙伴关系计划》的价值所在。北约会与摩尔多瓦及其他伙伴关系国家一起发展解决危机的新理念。卢钦斯基总统指出："摩尔多瓦是和平伙伴关系计划的永久性成员国，全面与北约进行合作。同时，根据宪法，摩尔多瓦是中立国家。"

根据《和平伙伴关系计划》，摩尔多瓦承担了相应的义务，如在境内举行联合国维和部队的演习，并派出一个摩托化步兵连、一个摩托化步兵营、两架运输机、两架直升机、一个卫生营参加了北约组织的维和演习。另外，摩尔多瓦还为维和演习提供了机场、运输机、直升机及布勒科阿克演习中心和诊所。摩尔多瓦和北约建立和平伙伴关系以来，得到了北约的大力资助。北约承担了摩尔多瓦军人进行军事业务进修、演习和参加维和行动的所需费用，并出资按北约部队标准装备摩尔多瓦的武装力量。摩尔多瓦国家部队的军人已数十次参加北约组织的多国部队军事演习和军事训练活动，并掌握了先进武器的使用方法（驾驶AH-72型飞机和MU-8型直升机）。摩尔多瓦政府将继续和北约开展这方面的合作，以提高摩尔多瓦军人的专业化水平，并使他们的思维方式和军事素质符合北约标准。摩尔多瓦科学院以及其他科学机构和一些科学家获得了北约的资助。北约为摩尔多瓦科学院建立信息网络中心捐资10万美元，为科学院计算中心提供65 095美元购买两套SUN型的高性能仪器设备。

1999年北约轰炸南联盟以后，摩尔多瓦没有疏远北约。在北约成立50周年庆祝会上，摩尔多瓦同乌克兰、乌兹别克斯坦、阿塞拜疆、格鲁吉亚结成非正式地区联盟（古阿姆），并公开发表声明称，会在北约和平伙伴关系框架内加强国家安全和在国际事务中的相互合作与支持，表现了明显的亲北约倾向。1999年8月9日，摩尔多瓦和美国依据《和平伙伴关系计划》举行名为"蓝盾99"的联合军事演习。美方45名军人、摩方70名军人参加。演习持续到8月20日，这次演习由美方出资，演习的目的是训练军人在冲突地区组织并开展维和行动的能力。

2000年2月10日，北约秘书长罗伯逊访摩。摩尔多瓦总统卢钦斯基、议长迪亚科夫、总理布拉基什、外交部部长特伯卡鲁和国防部部长加穆拉里分别与罗伯逊会晤。

2003年2月，摩尔多瓦外交部部长杜德乌访问布鲁塞尔，同北约秘书长罗伯逊举行会谈。

2004年3月，北约议会代表团访摩。6月，摩尔多瓦总统沃罗宁出席北约伊斯坦布尔峰会。9月，北约秘书长夏侯雅伯访摩。

2005年6月，摩尔多瓦总统沃罗宁访问布鲁塞尔，会见北约秘书长夏侯雅伯。8月，摩尔多瓦总统沃罗宁颁布法令，成立制定和实施《摩-北约伙伴关系行动计划》的国家委员会。

2006年9月，摩尔多瓦与北约联合举行军事演习。

2007年1月31日，摩尔多瓦副总理兼外交部部长斯特拉坦和国防部部长普列什卡出席在布鲁塞尔举行的北约北大西洋理事会会议，其间，分别会见了北约秘书长夏侯雅伯、欧盟委员会副主席弗拉蒂尼及欧盟委员会负责对外关系和欧洲睦邻政策委员瓦尔德纳。10月7日，摩尔多瓦派军队参加7日—29日在阿尔巴尼亚举行的北约多国军事演习。12月5日，沃罗宁总统正式访问北约总部布鲁塞尔，分别会见北约秘书长夏侯雅伯、欧盟负责外交和安全事务的高级代表索拉纳，欧洲议会主席珀特林，欧盟负责能源、贸易、农业和外交与睦邻政策的高官。

2008年4月3日，摩尔多瓦总统沃罗宁出席布加勒斯特北约峰会。10月30日，北约秘书长夏侯雅伯对摩进行工作访问，与摩尔多瓦总统沃罗宁举行会见。

第三节　同罗马尼亚的关系

　　摩尔多瓦和罗马尼亚是"同宗同文"的邻国。两国人民有共同的血统、文化、语言和历史。1991年8月29日，摩尔多瓦和罗马尼亚两国外交部部长在布加勒斯特签署协议，宣布从即日起两国建立外交关系。罗马尼亚是第一个与摩尔多瓦建立外交关系的国家。同时两国还签订了关于两国公民凭护照或其他官方文件自由互访的政府间议定书。1992年3月，摩尔多瓦开通了与罗马尼亚的国家直拨电话，以便于两国官方机构和公共事务部门之间的密切联系。摩尔多瓦和罗马尼亚建交以后，两国领导人一致奉行相互接近、在经济和精神方面逐步实现一体化，在外交方面加强磋商和配合的政策。双方在政治、经济、文化等各方面的交流日趋活跃，来往密切。摩尔多瓦政府已把发展同罗马尼亚的关系列为对外关系中的一个重点工作，两国在经济和文化领域的一体化已经迈出了重要的步伐。两国政府在政治、经济、军事、文化、教育等所有领域均建立了联系。两国的科学文化、教育卫生、通信、新闻等单位和各级企业间均建立了对口合作关系。两国政府已在两国边境地区建立起自由经济区。1999年，两国政府决定在普鲁特河上共同建立连接两国边界的大桥，进一步拉近了两国的关系。2000年伊始，摩尔多瓦的行政区域设置已和罗马尼亚接轨。罗马尼亚投入大量资金帮助摩尔多瓦发展文化教育，每年向摩尔多瓦公民提供数百个赴罗马尼亚大专院校学习的奖学金名额。

❧ 一、合并问题

　　罗马尼亚和摩尔多瓦历史上的两合两分：公元13—14世纪，16世纪摩尔多瓦是罗马尼亚领土的一部分；1812年，俄国将摩尔多瓦公国部分领土划入俄国版图；1939年，投票通过与罗马尼亚统一的决议，摩尔多瓦回到罗马尼亚怀抱；1940年，摩尔多瓦被划入苏联。

　　1991年苏联解体后，摩尔多瓦宣布独立。罗马尼亚方面一直希望两国合并，支持摩尔多瓦国内的"合并派"。罗马尼亚总统伊利埃斯库明确表示，罗马尼亚与摩尔多瓦共和国的统一应当按照德意志民主共和国的模式进行。

　　然而，摩尔多瓦国内政治形势表现出这个国家对罗马尼亚始终保持着"若即若离"的态度。在商业上，摩尔多瓦一贯更依赖俄罗斯，俄罗斯是其工农业产品的主要出口市场和能源供应者。但由于有超过半数的摩尔多瓦人属于罗马尼亚裔，在文化上，摩尔多瓦更倾向于罗马尼亚。

　　1994年3月6日，摩尔多瓦就和罗马尼亚合并问题进行全国民意调查，结果表明，全国90%以上的人支持关于建立独立的主权国家的主张，一批在摩尔多瓦当代文坛上颇具影响力的知识分子，如拉里认为，摩尔多瓦民族解放运动的新阶段的标志就是与罗马尼亚分离。全国要求摩尔多瓦加入罗马尼亚的人数不到10%，他们的口号是，"借助罗马尼亚进入欧洲，借助欧洲加入罗马尼亚"。

　　1999年，在罗马尼亚开始加入欧盟谈判和摩尔多瓦国内能源危机的背景下，摩尔多瓦政界有人再次提出摩、罗合并问题，并建议按俄罗斯和白俄罗斯模式组成联盟。该建议是由摩尔多瓦民族自由党提出的。他们认为，摩尔多瓦社会经济中的突出问题是能源危机、尼斯特鲁冲突、国家拖欠居民的工资和养老金，这些问题是亲东方国家政策造成的，因此挽救国家的出路是与西方合作，与罗马尼亚联盟。在摩尔多瓦经济每况愈下的情况下，越来越多的居民希望前往罗马尼亚定居。2000年年初，摩尔多瓦国家档案馆因前来要求证明自己的双亲是罗马尼亚人的摩公民爆满而暂停工作。有8名摩尔多瓦议员和7名罗马尼亚议员致函两国总统、议会、政府和奥委会，建议两国组建一个体育代表团出席2000年悉尼奥运会。可见，"合并派"在国内有一定的社会基础。

2009年起，右翼执政联盟三党执政，开始走融入欧洲的道路，积极向欧盟靠拢，与欧盟签署联系国协定，与罗马尼亚的关系也日渐紧密。

2009年，罗马尼亚针对摩尔多瓦国民出台了一套简化入籍程序——只要能证明拥有罗马尼亚血缘，即可获得国籍。数万摩尔多瓦民众递交了申请。后来罗马尼亚又推出持罗马尼亚户籍可享受欧盟免签政策，民众的申请热情更是高涨。

2013年7月，在访问摩尔多瓦期间，罗马尼亚总统伯塞斯库首次表达了期望加入摩尔多瓦国籍的愿望。2014年9月，伯塞斯库再次公开表示，他作为国家元首对摩尔多瓦进行最后一次访问时将向摩尔多瓦当局提出获取摩尔多瓦国籍的请求。伯塞斯库卸任两年之后，2016年3月，他正式申请摩尔多瓦国籍，并于2016年6月9日获得摩尔多瓦时任总统蒂莫夫蒂的批准。但是现任摩尔多瓦总统多东当选后立即取消了伯塞斯库的国籍。

❖ 二、外交往来

2000年3月23日，应罗马尼亚外交部部长罗曼邀请，摩尔多瓦外交部部长特伯卡鲁对罗进行正式访问。罗马尼亚总统康斯坦丁内斯库、总理伊瑟雷斯库等分别会见了特伯卡鲁。4月17日，罗马尼亚参议长昆图斯应邀访摩。4月24日，罗马尼亚外交部部长罗曼在摩罗合作委员会联席会议上表示，罗马尼亚将无条件地支持摩尔多瓦融入欧洲，并给予摩全力帮助。4月27日—28日，罗马尼亚外交部部长罗曼对摩进行正式访问。摩尔多瓦外交部部长特伯卡鲁同罗曼草签了《摩尔多瓦共和国和罗马尼亚特殊伙伴关系与合作条约》。7月4日，摩尔多瓦国防部长加穆拉里应邀访罗。12月，摩尔多瓦总统卢钦斯基祝贺扬·伊利埃斯库再次当选罗马尼亚总统。伊利埃斯库总统在发表就职演说时称，推动与摩发展关系将是罗马尼亚外交政策的优先目标之一。

2001年1月，摩尔多瓦外交部部长切尔马诺兹访罗。2月，摩尔多瓦总统卢钦斯基与罗马尼亚总统伊利埃斯库在罗举行工作会晤。4月，摩尔多瓦总统沃罗宁对罗进行工作访问。

2002年1月26日，罗马尼亚总理讷斯塔塞发表声明，对摩尔多瓦近期发生的反政府示威游行表示担忧和痛心。摩尔多瓦总理塔尔列夫就此表示，摩真诚地愿与罗发展关系，但拒绝罗干涉其内政。3月13日，摩尔多瓦总统沃罗宁公开指责罗马尼亚总统伊利埃斯库破坏摩罗关系，伊予以否认。4月，摩尔多瓦宪法法院院长普什卡什访罗。11月，摩尔多瓦总理塔尔列夫表示，摩尔多瓦希望与罗马尼亚恢复正常关系。

2003年1月，罗马尼亚总统外事顾问米库列斯库访摩，商谈改善两国关系，制定扩大和加深两国关系的具体时间表，摩尔多瓦总统沃罗宁会见。3月，摩罗两国外交部专家级协商在摩举行。4月，罗马尼亚外交部部长杰瓦讷对摩进行工作访问，宣布摩罗部际委员会将于当月中旬恢复运作；罗马尼亚宪法法院院长波帕率团对摩进行正式访问。8月，摩罗两国元首共同出席普鲁特河上的科斯泰什蒂水库共享25周年庆祝活动并进行会晤，双方一致主张进一步拓展和深化双边关系。

2004年3月，摩尔多瓦总统特使莫卡努应邀访罗，会见了罗马尼亚参议院议长沃克罗尤和外交部部长杰瓦讷。7月，罗马尼亚波佩斯库将军率团访摩，就两军双边合作及维和行动交流经验。8月，罗马尼亚总统伊利埃斯库致信摩尔多瓦总统沃罗宁，祝贺摩国庆。11月，摩尔多瓦总统沃罗宁前往罗马尼亚北部的普特纳修道院，凭吊民族英雄斯特凡大公。12月，摩尔多瓦总统沃罗宁电贺伯塞斯库当选罗马尼亚总统。

2005年1月，罗马尼亚总统伯塞斯库就任后首次访摩，先后会见摩尔多瓦总统沃罗宁、议长奥斯塔普丘克等。11月，摩尔多瓦总理塔尔列夫访罗，先后会见罗马尼亚总统伯塞斯库和总理波佩斯库-特里恰努。12月，摩尔多瓦总统沃罗宁对罗马尼亚进行工作访问并与伯塞斯库总统一起出席在布加勒斯特举行的首届"摩尔多瓦葡萄酒节"开幕式。

2006年3月，摩罗经济论坛在基希讷乌举行。4月，罗马尼亚外交部部长温古雷亚努访摩。5月，罗马尼亚宪法法院院长扬·维达率团访摩，摩尔多瓦总统沃罗宁会见。9月，罗马尼亚议长沃克罗尤访摩，摩尔多瓦总统沃罗宁、总理塔尔列夫和议长卢普分别会见、会谈。

2007年1月，罗马尼亚总统伯塞斯库对摩进行工作访问，其间，与沃罗宁总统单独会晤。双方同意签署两国政治基础协定和边界条约。6月，罗马尼亚总理特里恰努对摩进行访问，并出席摩罗企业家论坛。11月13日，摩尔多瓦总统沃罗宁在接受罗马尼亚媒体采访时，指责罗方通过向摩尔多瓦政党和传媒提供财政援助来干涉摩内政，以达到罗马尼亚化。沃还指责罗马尼亚教会在摩尔多瓦境内建教区是对摩教徒的侵略行径。12月13日，摩尔多瓦外交部就罗马尼亚官方未签署摩罗两国政治基础条约和边界条约问题发表声明，摩方表示，希望罗方进行建设性的、透明的对话，愿与罗进行谈判并签署两国政治基础条约和边界条约。

2008年7月7日，罗马尼亚外交部部长科默内斯库访摩。8月20日，罗马尼亚总统伯塞斯库对摩尔多瓦进行工作访问，摩尔多瓦总统沃罗宁与其会见。10月23日，摩尔多瓦总理格雷恰内、第一副总理兼经贸部长多顿访罗，其间，格雷恰内出席了在布加勒斯特举行的东南欧合作进程会议，多出席了摩罗经济合作及欧洲一体化共同委员会第四次会议，并与罗马尼亚中小企业、贸易、旅游与自由职业部长西拉吉签署了备忘录。

2014年7月17日摩尔多瓦总统蒂莫夫蒂在基希讷乌与到访的罗马尼亚总统伯塞斯库举行会晤。双方承诺将密切两国经贸关系。伯塞斯库重申坚定支持摩尔多瓦加入欧盟。两国总统在会晤中一致同意加强双边经贸关系和相互投资，并就建造新普鲁特河桥梁达成共识。罗马尼亚同意继续向摩尔多瓦学生提供留学机会，并将在2014—2015年向摩尔多瓦学生提供约6 000个奖学金名额。伯塞斯库在同蒂莫夫蒂会晤后举行的联合新闻发布会上说，加入欧盟是摩尔多瓦的唯一选择，作为有着"血缘伙伴关系"的邻国，罗马尼亚支持摩尔多瓦加入欧盟。

第四节　　同俄罗斯的关系

1992年3月，俄罗斯与摩尔多瓦建交。

❧ 一、外交摩擦

历史上，摩尔多瓦和俄罗斯并不接壤。但是，两国间保持着密切的宗教联系。摩尔多瓦的教会和俄罗斯的教会共同隶属于拜占庭，两国的宗教人士来往频繁。19世纪，俄罗斯的领土扩张到摩尔多瓦，两个民族开始成为互邻。比萨拉比亚地区曾一度被沙俄吞并。

独立之初，由于历史积怨以及俄罗斯在尼斯特鲁地区问题上的态度，使得两国政治关系十分冷淡。摩尔多瓦虽然没有坚持走"并入罗马尼亚"之路，而是追求国家独立自主发展，并且与俄罗斯在经济方面加强了合作，但在独联体事务中，对俄罗斯采取的是消极态度，甚至与乌克兰、格鲁吉亚、阿塞拜疆组成"古阿姆"集团，这是一个明显带有反俄倾向的组织。

普京出任俄罗斯总统以后，视摩尔多瓦为俄罗斯维护在巴尔干影响的重要国家，积极修复俄摩两国关系。2001年沃罗宁担任总统后，两国关系一度很亲密，共产党人党在竞选中曾提出推动摩尔多瓦加入俄白联盟，给予俄语第二国语地位的口号，并力图实施。

不过，在沃罗宁的第二个总统任期，摩尔多瓦政权再次走上东欧多数国家的道路，即在与俄罗斯维持一定程度合作的基础上，回归欧洲，准备融入西方。对于沃罗宁政权的选择，俄罗斯采取了比较激烈的应对措施：一方面放弃按计划从"沿岸共和国"撤军的承诺；另一方面在能源领域取消对摩尔多瓦的优惠政策，并在经贸领域设置障碍和壁垒。

2006年1月，由于与俄罗斯未能就天然气价格问题达成协议，俄罗斯中断向摩尔多瓦输送天然气。3月，俄罗斯称摩尔多瓦葡萄酒不符合卫生检疫标准，宣布停止进口摩葡萄酒。

2014年6月，摩尔多瓦政府签署并批准规定建立全面自贸区的联系国协定。俄罗斯总理梅德韦杰夫认为这将严重影响摩与关税同盟和独联体自贸区国家的经贸关系，应尽快对俄罗斯市场，首先是农产品市场采取必要保护措施。随后，俄罗斯出台系列"制裁"措施——禁止摩尔多瓦国家航空公司航班飞往莫斯科，并先后宣布对摩尔多瓦肉类、水果和蔬菜的进口限制。

2016年当选的总统多东把恢复与俄罗斯的全面友好和战略伙伴关系作为国家元首的优先目标。他选出的助理团队都是支持与莫斯科发展关系者，并是俄罗斯外交部和克里姆林宫所熟知的人。他在竞选中号召就摩尔多瓦与欧盟的关系举行全民公决，改善与俄罗斯的关系。这受到许多在经济上因俄罗斯的制裁和大范围的经济低迷而遭到打击的摩尔多瓦人的欢迎。

2017年1月多东打破摩尔多瓦前几任总统就职后首访布鲁塞尔的传统，选择俄罗斯作为当选总统后的首访。

❧ 二、外交往来

1992年8月7日，摩尔多瓦和俄罗斯两国总理就双边关系等问题举行了会谈。摩尔多瓦方面强调在互利与平等原则基础上同俄罗斯发展双边关系，通过文明的途径在不搞任何过火行为的情况下解决一切问题。

1999年9月2日，俄罗斯总统叶利钦和摩尔多瓦总统卢钦斯基在克里姆林宫签署了《1999—2008年两国经济合作条约》。条约规定，两国为恢复和发展在获得独立地位后削弱的经济关系，将使外贸法规和税制相互接近，制订两国经济合作规划，在农业等领域建立合资企业，发展企业间的生产合作，保证能源供应不间断。两国总统在签字仪式前进行了会谈。俄罗斯总统办公厅副主任普里霍季科说，两位总统都指示本国政府在加强两国经贸合作方面积极开展工作，对年内签署俄摩国家条约的前景表示乐观。叶利钦指出，俄罗斯希望同摩尔多瓦建立战略伙伴关系，尊重其统一和领土完整。

2000年1月24日—25日，摩尔多瓦总统卢钦斯基出席在莫斯科举行的独联体国家领导人峰会。其间，卢钦斯基与俄罗斯代总统普京会晤。3月27日，摩尔多瓦总统卢钦斯基致电祝贺普京当选俄罗斯总统。6月16日，俄罗斯总统普京对摩尔多瓦进行工作访问。普京表示，俄罗斯将按照欧安组织伊斯坦布尔峰会规定的期限，从摩尔多瓦领土上撤出其军队和武器。同日，摩尔多瓦议会批准了《摩尔多瓦共和国和俄罗斯联邦1999—2008年经济合作条约》。2000年5月，摩尔多瓦议会批准了摩尔多瓦和俄罗斯于1998年10月30日签订的关于两国生产合作的协议。协议规定，两国对双方合作生产的进出口产品免征海关税、劳务税、消费税。两国海关不限制由合作生产渠道提供的进出口商品的数量和品种。文件还规定，合作生产的产品不得向第三国出口，两国另有文件约定的除外。两国总统的会谈为全面巩固摩俄友谊和互利关系建立了牢固的基础。

2001年，双方执行了约150项协议，两国高层领导人的对话始终没有中断。

2001年4月16日—17日，摩尔多瓦总统沃罗宁应俄罗斯总统普京的邀请对俄进行工作访问，两国元首签署了联合声明。7月，摩尔多瓦国防部部长盖丘克访俄。11月5日，摩尔多瓦外交部部长杜德乌与俄罗斯外交部部长伊万诺夫在基希讷乌草签《摩俄政治基础条约》。11月19日，沃罗宁总统正式访俄，与俄罗斯总统普京签署了《摩俄政治基础条约》。

2002年1月底，俄罗斯第一副外长特鲁布尼科夫对摩进行工作访问。双方讨论了尼斯特鲁地区问题，俄方表示尊重摩主权和领土完整。2月，摩尔多瓦副总理兼农业和食品工业部部长托多罗格洛访俄。同月，摩尔多瓦总理塔尔列夫对俄进行工作访问，双方讨论经济合作问题。8月，摩俄政府经贸合作混委会第6次会议在莫斯科召开，摩尔多瓦第一副总理约夫率团出席。10月，俄罗斯杜马主席谢列兹尼奥夫访摩。摩尔多瓦总理塔尔列夫访俄。双方讨论了摩欠俄债务、俄向摩供应能源等问题。

2003年2月，摩尔多瓦总统沃罗宁访俄。4月，俄罗斯联邦委员会独联体事务委员会主席率团访摩。6月，俄罗斯议会上院议长、联邦委员会主席米罗诺夫对摩尔多瓦进行正式访问；摩俄政府间经济与科技合作委员会第七次会议在摩尔多瓦举行。7月，俄罗斯总统办公厅主任沃罗申对摩进行工作访问。9月，在雅尔塔举行的独联体峰会上，摩尔多瓦总统沃罗宁与俄罗斯总统普京举行会晤。

2004年3月，摩尔多瓦总统沃罗宁致电俄罗斯总统普京，祝贺普京再次当选。6月，摩尔多瓦总理塔尔列夫在圣彼得堡出席国际经济论坛时，与俄罗斯总理弗拉德科夫举行会谈。7月，摩尔多瓦总统沃罗宁出席在莫斯科独联体国家首脑非正式会议期间，与俄罗斯总统普京举行会谈；摩尔多瓦外交部部长斯特拉坦访俄，两国外交部签署了2004—2005年部际磋商计划。8月，俄罗斯总统普京致信摩尔多瓦总统沃罗宁，祝贺摩尔多瓦国庆。

2005年8月，摩尔多瓦总统沃罗宁出席独联体国家元首喀山峰会，与俄罗斯总统普京举行会谈。10月，俄国家杜马议员代表团访摩，先后会见摩尔多瓦总统沃罗宁、总理塔尔列夫和议会摩俄友好议员团。同月，摩尔多瓦总统沃罗宁会见来访的俄安全会议第一副秘书祖巴科夫。11月，莫斯科及全俄罗斯大牧首阿列克谢二世访摩，摩尔多瓦总统沃罗宁、议长卢普、总理塔尔列夫等陪同其参加了在摩期间的宗教活动。

2006年5月，俄罗斯国家安全委员会副秘书祖巴科夫对摩尔多瓦进行工作性访问。8月，摩尔多瓦总统沃罗宁对俄罗斯进行工作访问，与俄罗斯总统普京举行会谈。9月，摩尔多瓦第一副总理格雷恰内率团前往莫斯科，出席摩俄两国政府间经贸合作委员会会议。10月，俄罗斯教育科学部部长、俄摩政府经贸合作委员会俄方主席富尔先科访摩。同月，俄罗斯外交部副部长卡拉辛对摩进行工作访问。11月，摩尔多瓦第一副总理格雷恰内率团前往莫斯科，出席摩俄经贸混委会并签署摩俄人文领域2007年合作纲要等文件。同月，摩尔多瓦总统沃罗宁在独联体首脑峰会期间与俄总统普京举行双边会晤，就俄罗斯恢复进口摩产葡萄酒和农产品达成共识。12月，俄罗斯教育科学部部长率团赴摩参加在基希讷乌举行的摩俄经贸洽谈会。

2007年1月，摩尔多瓦统一部部长绍瓦和总统内政事务顾问特卡丘克访俄。3月5日，沃罗宁总统会见俄罗斯联邦安全会议副秘书祖巴科夫。6日，摩俄两国在莫斯科就两国关系法律基础问题及地区间合作问题举行副外长级磋商。20日，俄罗斯国家杜马副主席、俄共主席团成员库普佐夫及俄联邦会议代表团访摩。4月24日，摩尔多瓦总统沃罗宁致电俄罗斯总统普京，对俄罗斯前总统叶利钦的逝世表示哀悼。6月，俄罗斯宪法法院院长佐尔金率团访摩。同月，摩尔多瓦总统沃罗宁对俄罗斯进行工作访问。11月，摩尔多瓦总统沃罗宁会见俄罗斯联邦安全会议副秘书祖巴科夫。

2008年1月21日，摩尔多瓦总统沃罗宁访问俄罗斯，与俄罗斯总统普京、俄罗斯东正教大牧首阿列克谢二世分别会见。2月20日，摩尔多瓦总理塔尔列夫访问俄罗斯，与俄罗斯总理祖布科夫举行会谈。3月和6月，俄罗斯国家安全会议副秘书祖巴科夫两次访摩，与摩尔多瓦总统沃罗宁会见，其间，祖还会见了尼斯特鲁地区领导人斯米尔诺夫。5月，俄罗斯联邦委员会主席米罗诺夫访摩，与摩尔多瓦总统、议长、总理分别会谈、会见。6月，摩尔多瓦总理格雷恰内访俄，与俄罗斯总理、教育与科学部部长分别会见。6月27日，摩尔多瓦总统沃罗宁与俄罗斯联邦安全会议副秘书祖巴科夫通电话，就进一步加强尼斯特鲁河两岸互信，共同有效实现两岸经贸、运输和能源合作设想等问题交换意见。8月，摩尔多瓦总统沃罗宁在索契与俄罗斯总统梅德维杰夫就尼斯特鲁地区问题举行会晤。10月，俄罗斯国家杜马主席格雷兹洛夫访摩，与摩尔多瓦总统、总理分别会见。11月，摩俄两国经济合作委员会第十次会议在莫斯科举行，摩尔多瓦第一副总理兼经贸部部长多顿、俄罗斯教育与科学部部长弗尔先科出席，会议签署了备忘录。11月14日，俄罗斯总理普京出席在基希讷乌举行的独联体国家政府首脑峰会并正式访摩，与摩尔多瓦总统、总理分别会见，并与摩尔多瓦总理签署了《2009—2020年摩俄经济合作纲要》，俄罗斯在基希讷乌正式成立贸易代表处。12月，俄罗斯向摩尔多瓦提供4 500万美元人道主义援助，用于水灾援助。

2016年当选的总统多东把恢复与俄罗斯的全面友好和战略伙伴关系作为国家元首的优先目标。

2017年1月17日，摩尔多瓦总统多东就职后首访选择俄罗斯。

第五节　同独联体国家的关系

2000年5月16日—17日，摩尔多瓦外交部部长特伯卡鲁对乌克兰进行正式访问。6月9日，摩尔多瓦、乌克兰和白俄罗斯三国总理在敖德萨举行会晤。三方就深化政治、经济领域的合作，继续发展经贸关系的前景，以及促进跨境合作等问题进行了磋商。6月29日—30日，摩尔多瓦总统卢钦斯基对白俄罗斯进行正式访问。双方签署了摩白

2000—2009年经济合作协定。8月18日—19日，摩尔多瓦总统卢钦斯基出席在雅尔塔举行的独联体国家元首非正式峰会。会议通过了有关对联合国千年峰会共同立场的决议及一项有关独联体引进"自由贸易区"机制的决定。卢钦斯基总统分别与俄罗斯总统普京、乌克兰总统库奇马进行了会晤。11月30日，卢钦斯基总统赴明斯克参加独联体国家元首和政府首脑会议。12月15日，摩尔多瓦第一副总理、经济和改革部部长谷古出席在莫斯科举行的独联体经济委员会会议。2001年2月，摩尔多瓦外交部部长切尔诺马兹率团参加在乌克兰举行的摩、俄、乌三方外长会议，就解决尼斯特鲁地区问题进行磋商。5月，摩尔多瓦总统沃罗宁对乌克兰进行正式访问，两国元首签署了联合声明。

6月，摩尔多瓦总统沃罗宁率团出席在雅尔塔举行的"古阿姆集团"五国元首会议。7月，摩尔多瓦总理塔尔列夫对乌克兰进行正式访问，并出席两国政府经贸合作委员会第七次会议。8月，摩尔多瓦总统沃罗宁参加在俄罗斯举行的独联体国家元首第十次非正式年会。同月摩尔多瓦总理塔尔列夫对白俄罗斯进行正式访问。9月，摩尔多瓦总理塔尔列夫参加在莫斯科举行的独联体国家政府首脑会议。11月，摩尔多瓦国防部部长盖丘克参加在莫斯科举行的独联体国家国防部部长委员会会议。同月，摩尔多瓦总统沃罗宁率团参加在莫斯科举行的第十届独联体国家元首峰会。

2002年2月28日—3月2日，摩尔多瓦总统沃罗宁赴哈萨克斯坦出席独联体国家首脑峰会。3月，摩尔多瓦总统沃罗宁、俄罗斯总统普京和乌克兰总统库奇马在敖德萨举行会晤。摩尔多瓦副议长米申率团赴圣彼得堡出席独联体议会大会委员会第十四次会议。6月，摩尔多瓦总理塔尔列夫访问乌克兰，出席摩乌政府经贸合作委员会第八次会议。10月，摩尔多瓦总理塔尔列夫访问乌克兰，并出席在乌举行的摩尔多瓦文化节。摩尔多瓦议长奥斯塔普丘克访问乌克兰。摩尔多瓦总统沃罗宁访问乌克兰敖德萨，旨在推进两国地方间合作。11月，摩尔多瓦总统沃罗宁访问塔吉克斯坦，双方签署《杜尚别声明》和《摩塔友好合作基础条约》。摩尔多瓦总统沃罗宁访问吉尔吉斯斯坦，双方签署了相互鼓励和保护投资协定及农业和旅游合作协议。12月，摩尔多瓦总理塔尔列夫访问乌兹别克斯坦，两国总理共同主持了摩乌政府间经贸混委会。双方签署了航空协定补充协议、经贸混委会议定书及旅游合作协定。

　　2003年1月，独联体国家元首第四次非正式会晤在乌克兰首都基辅举行，摩尔多瓦总统沃罗宁出席。2月，摩尔多瓦国防部部长盖丘克访乌，摩乌签署了国防部间防空合作协定。4月，摩尔多瓦外交部副部长斯特维勒率团参加在杜尚别举行的独联体国家外长委员会会议；摩尔多瓦总理塔尔列夫出席在莫斯科举行的独联体国家政府首脑会议。5月，摩尔多瓦总统沃罗宁出席圣彼得堡建市三百周年庆祝活动，参加了独联体国家元首会晤，并与哈萨克斯坦总统进行了会谈。9月，哈萨克斯坦总统纳扎尔巴耶夫对摩尔多瓦进行正式访问。11月，乌克兰总统库奇马对摩尔多瓦进行正式访问，双方签署了《两国政府间自由贸易协定》，并发表了联合声明。

　　2004年3月，摩尔多瓦外交部部长斯特拉坦参加独联体国家外长理事会会议。4月，摩尔多瓦总理塔尔列夫出席在吉尔吉斯斯坦举行的独联体国家总理理事会会议，并全票当选该理事会主席。6月，独联体"2004年西部国家反恐"特种部队在摩尔多瓦举行联合反恐演习，俄罗斯、乌克兰、白俄罗斯、摩尔多瓦四国参加。7月，摩尔多瓦总统沃罗宁出席在莫斯科举行的独联体国家首脑非正式会议并分别会见了亚美尼亚、乌克兰、格鲁吉亚、哈萨克斯坦、吉尔吉斯斯坦、乌兹别克斯坦等国总统。8月，独联体执委会主席鲁沙伊洛访摩，分别会见了摩尔多瓦总统沃罗宁、总理塔尔列夫。9月，摩尔多瓦总理塔尔列夫出席在阿斯塔纳举行的独联体峰会。10月，摩尔多瓦总统沃罗宁访问阿塞拜疆。

　　2005年1月，摩尔多瓦总统沃罗宁出席乌克兰总统尤先科的就职仪式并与尤举行会谈。3月，摩尔多瓦总统沃罗宁访问乌克兰，先后会见乌克兰总统尤先科、总理季莫申科，双方发表了联合声明。4月，"古阿姆集团"组织峰会在摩尔多瓦首都基希讷乌举行，格鲁吉亚总统萨卡什维利、乌克兰总统尤先科、阿塞拜疆总统阿利耶夫、摩尔多瓦总统沃罗宁出席。同月，阿塞拜疆总统阿利耶夫对摩尔多瓦进行正式访问。5月，摩尔多瓦总理塔尔列夫访问乌克兰并会见乌克兰总理季莫申科。同月，摩尔多瓦总统沃罗宁出席在莫斯科举行的独联体国家元首非正式峰会，并与独联体各国元首签署了《人文合作宣言》。6月，摩尔多瓦总统沃罗宁在敖德萨与乌克兰总统尤先科举行工作会谈。8月，摩尔多瓦总统沃罗宁出席在喀山举行的独联体国家元首峰会。9月，摩尔多瓦总统沃罗宁对乌克兰进行工作访问。11月，摩尔多瓦总统沃罗宁会见来访的独联体执行秘书鲁沙伊洛。

2006年5月，摩尔多瓦总统沃罗宁出席"古阿姆集团"四国元首基辅峰会。同月，摩尔多瓦副总理克里斯蒂亚出席在杜尚别举行的独联体国家首脑会议并发表了联合声明。7月，摩尔多瓦总统沃罗宁出席在莫斯科举行的独联体国家非正式首脑会晤。10月，"古阿姆民主与发展组织"（原"古阿姆集团"）议长峰会在摩尔多瓦首都基希讷乌举行。11月，摩尔多瓦总统沃罗宁赴明斯克参加独联体首脑峰会。同月，摩尔多瓦总理塔尔列夫赴明斯克参加独联体国家政府首脑理事会。其间，乌克兰总理雅努科维奇举行双边会见。

2007年1月，摩尔多瓦统一部部长绍瓦和总统内政事务顾问特卡丘克访问乌克兰，与乌克兰外交部和国家安全与防务委员会官员就解决尼斯特鲁地区问题进行磋商。2月2日，乌克兰内务部部长楚什科正式访摩，双方签署合作文件。22日，摩尔多瓦总理塔尔列夫正式访问阿塞拜疆。双方签署7个合作文件。5月18日，摩尔多瓦总统沃罗宁与乌克兰总统尤先科通电话，就双边合作及即将在巴库举行的"古阿姆集团"四国会议议题等问题交换意见。25日，独联体国家政府首脑在雅尔塔举行会晤，讨论建立独联体国家能源共同市场等问题的有关文件。摩尔多瓦总理塔尔列夫出席会议并分别会见了白俄罗斯总理和乌克兰副总理等人。与会者同意摩尔多瓦举办2008年独联体国家第七届运动会。31日，摩尔多瓦总统沃罗宁出席在圣彼得堡举行的独联体跨国议会大会第28次全体会议暨该组织成立十五周年庆典。6月5日，摩尔多瓦总统沃罗宁出席在塔吉克举行的独联体国家首脑峰会，并出席欧亚经济共同体会议。10日，摩尔多瓦总统沃罗宁出席在圣彼得堡举行的独联体国家首脑非正式会晤，其间，与普京总统举行会晤。沃还出席了在此举行的第十一届国际经济论坛。18日，摩尔多瓦总理塔尔列夫出席在巴库举行的"古阿姆民主与发展组织"四国首脑峰会。30日，摩尔多瓦总统沃罗宁赴俄罗斯顿河-罗斯托夫市参加独联体首脑非正式会晤。11月，摩尔多瓦总理塔尔列夫出席在土库曼斯坦举行的独联体国家政府首脑会议，其间，分别会见了哈萨克斯坦总理和土库曼斯坦总理。

2008年1月30日，摩尔多瓦总理塔尔列夫对哈萨克斯坦进行正式访问。2月，摩尔多瓦总统沃罗宁出席在莫斯科举行的独联体国家首脑非正式会晤，其间，俄罗斯总统普京会见摩尔多瓦总统沃罗宁。4月23日，摩尔多瓦总统沃罗宁访问阿塞拜疆，与阿总统、议长、总理分别会谈、会见。同日，摩尔多瓦总理格雷恰内出席在明斯克举行的独联体国家政府首脑会议，其间，格分别与俄罗斯、乌克兰、白俄罗斯、阿塞拜疆总理举行工作会晤。6月6日，摩尔多瓦总统沃罗宁出席在圣彼得堡举行的独联体国家首脑非正式会晤，其间，与俄罗斯总统、乌克兰总统分别会见。18日，摩尔多瓦议长卢普访问阿塞拜疆，出席阿成立九十周年庆祝活动，并会见阿议长。8月11日，摩尔多瓦发表声明，表示支持欧盟主席国法国8月8日就格鲁吉亚南奥塞梯问题发表的声明。声明指出，欧盟对南奥塞梯军事冲突表示不安，呼吁各方立即停止军事行动并通过谈判解决问题，尊重格鲁吉亚主权和领土完整。28日，摩尔多瓦就格鲁吉亚南奥塞梯及阿布哈兹问题发表声明，对格局势发展表示关注，反对武力解决冲突，认为格局势与尼斯特鲁地区问题没有任何关联和可比性。10月9日，摩尔多瓦政府向吉尔吉斯斯坦提供10万美元地震救灾援款。11日，摩尔多瓦总统沃罗宁出席在吉尔吉斯斯坦举行的独联体国家首脑峰会，其间，分别与吉尔吉斯斯坦总统巴基耶夫、哈萨克斯坦总统纳扎尔巴耶夫举行了会见。11月14日，独联体国家政府首脑峰会在基希讷乌举行，十一个成员国政府首脑出席。其间，摩总统沃罗宁分别会见各国政府首脑。

第六节　同欧洲其他国家的关系

1999年，摩尔多瓦和法国开始讨论制定1999—2003年政府间合作纲要。

2000年2月22日，摩尔多瓦外交部部长特伯卡鲁对斯洛伐克共和国进行正式访问。双方签署了互免外交和公务签证的协定与两国外交部合作议定书。6月20日，摩尔多瓦总理布拉基什访问保加利亚。

2002年7月，摩尔多瓦外交部部长杜德乌访问意大利。斯洛文尼亚总统库昌访摩。摩尔多瓦总统沃罗宁对克罗地亚进行正式访问，双方签署了摩克两国经贸合作协议和两国工商会合作协定。9月，摩尔多瓦总理塔尔列夫访问波兰，双方签署了两国海关合作与互助协议、农业和食品工业领域科技合作协议及经贸合作协定。

2003年1月，保加利亚总统珀尔瓦诺夫访摩。2月，摩尔多瓦总统沃罗宁访匈。4月，摩尔多瓦总统沃罗宁参加在雅典举行的欧洲国家元首及政府首脑大会。8月，摩尔多瓦外交部部长杜德乌对德国进行工作访问。9月，摩尔多瓦总理塔尔列夫对波兰进行工作访问。12月，摩尔多瓦总统沃罗宁对波黑进行正式访问。

2004年3月，希腊总统斯特法诺普洛斯应邀访摩；摩尔多瓦总统沃罗宁致信西班牙国王，对马德里火车爆炸造成大量人员伤亡表示慰问。5月，摩尔多瓦总统沃罗宁先后访问希腊和保加利亚；摩尔多瓦议长奥斯塔普丘克访问意大利。6月，摩尔多瓦总统沃罗宁访问斯洛文尼亚；摩尔多瓦外交部部长斯特拉坦访问荷兰和卢森堡。9月，保加利亚总统珀尔诺夫访摩；摩尔多瓦议长奥斯塔普丘克访问捷克；摩尔多瓦外交部部长斯特拉坦访问波兰。10月，摩尔多瓦议长奥斯塔普丘克访问波兰；摩尔多瓦外交部部长斯特拉坦访问英国。11月，保加利亚国民议会议长格尔吉科夫访摩。12月，摩尔多瓦总统沃罗宁访问保加利亚。

2005年4月，摩尔多瓦总统沃罗宁会见以"古阿姆集团"观察员身份访摩的立陶宛总统阿达姆库斯。5月，克罗地亚总统梅西奇访摩，先后会见摩尔多瓦总统沃罗宁、议长卢普和总理塔尔列夫。同月，摩尔多瓦总统沃罗宁以观察员身份出席在罗马尼亚首都布加勒斯特举行的第八届东南欧合作进程国家元首或政府首脑会议。6月，塞尔维亚和黑山总统马罗维奇访摩。7月，马其顿总统茨尔文科夫斯基访摩。9月，摩尔多瓦总统沃罗宁访问拉脱维亚、立陶宛和爱沙尼亚，分别会见三国总统维基耶·弗赖贝加、阿达姆库斯和吕特尔。10月，摩尔多瓦总统沃罗宁访问克罗地亚并会见克总统梅西奇。

2006年3月，爱沙尼亚总统吕特尔对摩进行正式访问，分别会见摩尔多瓦总统沃罗宁、议长卢普和总理塔尔列夫，并与沃罗宁总统共同出席了摩爱经济论坛。同月，立陶宛总统阿达姆库斯访摩，与总统沃罗宁、议长卢普和总理塔尔列夫会谈，在议会演讲并与沃罗宁总统共同出席了摩立经济论坛。4月，拉脱维亚总统弗赖贝加访摩。5月，摩尔多瓦总统沃罗宁对德国进行正式访问。同月，摩尔多瓦总统沃罗宁出席在立陶宛首都维尔纽斯举行的波罗的海和里海地区国家首脑会晤并会见了出席会晤的欧盟理事会秘书长兼欧盟共同外交与安全政策高级代表索拉纳。同月，摩尔多瓦总统沃罗宁访问保加利亚并出席在瓦尔纳举行的中欧国家第十三次首脑会晤。

2007年1月，摩尔多瓦总统沃罗宁访问保加利亚。2月，英国欧洲事务部部长胡恩正式访摩，这是摩尔多瓦独立以来英方首位部长来访。3月22日，摩尔多瓦总理塔尔列夫正式访问斯洛伐克，并出席两国商界论坛。双方签署了两国教育合作计划及海关合作协定。28日，瑞典国际发展与合作大臣卡尔松访摩。瑞典决定2007—2010年每年向摩尔多瓦资助1 100万欧元用于摩基础设施建设和公共财政改革等。29日，匈牙利国会主席西里正式访摩。4月17日，摩尔多瓦总统沃罗宁正式访问瑞典，并出席在斯德哥尔摩举行的世界经济论坛，这是两国建交以来摩尔多瓦领导人首次访瑞，其间沃罗宁总统会见了拉脱维亚总统等。18日，摩尔多瓦总理塔尔列夫对斯洛文尼亚进行工作访问，并出席两国商务论坛及两国经贸部合作协定签字仪式。24日，法国参议院议长克里斯蒂昂·蓬斯莱访摩。25日，爱沙尼亚议长恩娜·爱尔玛访摩。5月10日，摩尔多瓦总理塔尔列夫正式访问拉脱维亚。双方签署了两国政府间经济、工业、科技领域合作协定及两国司法部合作协定。同日，摩尔多瓦总统沃罗宁对立陶宛进行工作访问。21日，立陶宛议长蒙蒂亚纳斯访摩。22日，摩尔多瓦议长卢普率团访问德国。6月12日，摩尔多瓦总统沃罗宁正式访问希腊并出席摩希经济论坛。19日，斯洛伐克总统加什帕罗维奇正式访摩。这是斯总统首次访摩。两国总统出席了摩—斯经贸论坛。26日，摩尔多瓦议长卢普率团访问斯洛文尼亚。9月，摩尔多瓦议长卢普率团访问爱沙尼亚。10月，摩尔多瓦总理塔尔列夫正式访问匈牙利。11月，爱沙尼亚总理安西普正式访摩。两国总理出席了两国工商会经济论坛。12月6日，摩尔多瓦议长卢普访问瑞典。10日，摩尔多瓦总统沃罗宁对保加利亚进行工作访问。11日，欧洲委员会负责外交政策的高官访摩，会见卢普议长。

2008年1月11日，摩尔多瓦总统沃罗宁对奥地利进行正式访问，与奥总理古森鲍尔举行会谈。27日，摩尔多瓦议长卢普对英国、法国进行正式访问，分别与英国下院议长马丁、法国参议院议长蓬斯莱、法国国民议会议长阿夸耶等会见。28日，摩尔多瓦总统沃罗宁对保加利亚进行工作访问。2月14日，保加利亚总理斯塔尼舍夫访摩，分别与摩尔多瓦总统、议长、总理会见、会谈。18日，摩尔多瓦就科索沃独立发表声明，指出，虽然科索沃问题有其独特性，但这种解决方式破坏了塞尔维亚共和国领土完整，成为破坏欧洲稳定的重要因素，也是激活所有冲突地区分离主义情绪的危险刺激因素。3月3日，摩尔多瓦总统沃罗宁对法国进行工作访问，与法参议院议长蓬斯莱会见。4月15日，捷克众议院副主席菲利普访摩，摩尔多瓦总统沃罗宁、议长卢普与其会见。6月2日，摩尔多瓦总理格雷恰内对希腊进行工作访问。格出席了在雅典举行的国际妇女领袖会晤。14日，比利时首相莱特姆访摩，分别与摩尔多瓦总统、总理会见。9月2日，摩尔多瓦总理格雷恰内对捷克进行正式访问，与捷克总统克劳斯、总理托波拉内克、众议院议长弗尔切克分别会见。摩、捷签署了相互保护投资协议。17日，匈牙利国会主席卡塔琳访摩。10月27日，黑山总统武亚诺维奇访摩。摩尔多瓦与黑山签署了两国海关合作协议。11月28日，匈牙利总理久尔恰尼出席在摩尔多瓦举行的中欧倡议国组织政府首脑峰会，并对摩进行工作访问。12月5日，摩尔多瓦总理格雷恰内对保加利亚进行访问。摩保双方签署了教育合作协议和社会保险合作协议。

2014年瑞典政府向摩尔多瓦承诺，为支持摩与"欧洲一体化"，瑞典将在2020年前向摩提供一亿欧元援助。

第七节　同美国的关系

1991年12月25日摩尔多瓦与美国建交。

2000年3月9日，摩尔多瓦总统卢钦斯基会见到访的美国务院独联体国家地区冲突问题谈判代表。卢钦斯基表示，摩尔多瓦愿讨论能够最终解决尼斯特鲁河地区冲突问题的任何方法。美谈判代表表示，美愿在从尼斯特鲁地区撤出俄军队和武器进程中给予摩政治支持，并提供资金援助。3月15日，摩尔多瓦外交部部长特伯卡鲁对美进行工作访问，签署了摩政府与美进出口银行合作协定、摩与美研究和发展基金会合作协定。10月3日—9日，摩尔多瓦总理布拉基什对美进行工作访问。这是摩尔多瓦总理近五年内首次访美。

2001年1月，美国务院新独立国家冲突问题特别谈判代表访摩，并考察尼斯特鲁地区问题谈判的进展情况。6月，摩尔多瓦外交部部长切尔诺马兹访美，美方表示将派专家赴摩协助制订有关解决摩外债问题的计划。9月，摩尔多瓦总统沃罗宁致电美国总统布什，对美遭受恐怖袭击表示慰问。

2002年2月，美负责欧洲、独联体事务的副国务卿访摩，与摩方讨论尼斯特鲁地区冲突问题。7月，摩尔多瓦副总理兼农业和食品工业部部长托多罗格洛访美。12月，摩尔多瓦总统沃罗宁对美国进行工作访问。这是摩尔多瓦独立后，其总统首次访美。两国总统发表了联合声明。

2003年4月，美驻欧安组织大使米尼克斯对摩进行工作访问；负责欧洲、欧亚事务的美国国务卿副助理皮弗对摩进行工作访问，并向摩尔多瓦总统沃罗宁转交了美国总统布什的信函。6月，摩美政府间经济与投资合作混委会第一次会议在摩尔多瓦举行；美负责欧亚地区事务助理国务卿琼斯访摩。9月，摩尔多瓦总统沃罗宁在美出席联合国第五十八届大会期间，与美国总统布什进行会晤。

2004年4月，美助理国务卿皮弗访摩。6月，美国国防部部长拉姆斯菲尔德访摩，与摩尔多瓦总统沃罗宁和国防部部长盖丘克举行会见。10月，美国务院欧亚地区冲突特别谈判代表史蒂文·曼访摩，与摩尔多瓦总统沃罗宁举行会见。11月，摩尔多瓦总统沃罗宁致电美国总统布什，祝贺其连任；美国务院负责欧洲和欧亚事务的助理国务卿访摩，与摩尔多瓦总统沃罗宁举行会谈。

2005年3月，美驻欧洲部队副司令沃德将军访摩并会见摩尔多瓦总统沃罗宁。5月，摩尔多瓦议会主要党团领导人访美，并参加了有美总统布什出席的"自由晚宴"。8月，摩尔多瓦国防部部长普列什卡访美，先后会见美国防部及国务院代表和北卡罗来纳州地方官员。

2006年3月，摩尔多瓦-美国军事领域关系计划会议在基希讷乌举行，摩尔多瓦国防部部长普列什卡、美驻摩大使和美驻欧洲武装力量司令部代表等出席。5月，摩尔多瓦总统沃罗宁在出席波罗的海和黑海地区国家首脑会晤期间，与美国副总统切尼举行会见。7月，美助理国务卿克拉梅尔访摩。

2007年2月4日，摩尔多瓦总统沃罗宁致电美国总统布什，祝贺摩美建交15周年。4月，摩尔多瓦统一部部长绍瓦会见美国欧洲及欧亚事务副助理国务卿克莱默，就尽快恢复尼斯特鲁地区问题"5+2"谈判问题交换意见。6月1日，摩尔多瓦与美国指挥系统军事训练演习在基希讷乌举行。摩方35人、美方15人参演。3日，摩尔多瓦总统沃罗宁、总理塔尔列夫分别会见克莱默。18日，摩尔多瓦总理塔尔列夫出席在巴库举行的"古阿姆民主与发展组织"四国首脑峰会，会见了与会的克莱默。10月，摩尔多瓦总统沃罗宁会见到访的克莱默，双方互相通报了前不久就尼斯特鲁地区问题举行的"3+2"会晤情况和摩方新建议。

2008年4月14日，美国负责尼斯特鲁地区问题"5+2"谈判的美国国务院负责欧洲及欧亚事务的助理国务卿麦尔凯利访摩。7月21日，麦尔凯利再次访摩。31日，美国向摩尔多瓦提供五万美元援助物资，用于水灾救助。8月5日，美国向摩尔多瓦医院赠送2 170美元医疗设备。10月7日，麦尔凯利访摩。11月20日，摩尔多瓦总理格雷恰内与美国"千年挑战"公司代表在基希讷乌签署该公司向摩提供1 190万美元援助的备忘录。2014年7月初，美国会代表团访摩时表示，美国坚定支持摩尔多瓦与欧洲一体化，双方讨论了加强经贸合作、吸引美国投资等问题，还讨论了如何保障摩尔多瓦国家和能源安全、地区形势以及加强摩尔多瓦与尼斯特鲁地区互信等问题。同时，美欧直接向摩尔多瓦提供各种形式的援助。美国还承诺额外向摩尔多瓦提供1 000万美元援助，帮助其提高农业领域竞争力。

第八节　同中国的关系

1992年1月30日中国和摩尔多瓦建交。同年6月，中国在基希讷乌设立大使馆。中国是第一个承认摩尔多瓦共和国的亚洲国家，也是世界上最早承认摩尔多瓦的国家之一。中摩关系具有良好的开端，并通过签订许多官方文件建立了相应的法律基础。两国在维护国家独立、主权和领土完整的事业中相互理解、相互支持。中国与摩尔多瓦的关系建立在相互尊重、完全平等、互不干涉内政等原则的基础上。

中国尊重摩尔多瓦根据本国国情选择的发展道路和制定的内外政策，对于摩尔多瓦致力于同欧洲一体化表示理解。摩尔多瓦政府多次重申将始终如一地坚持一个中国的原则，支持中国政府按照香港和澳门成功回归的方式解决台湾问题。

中国首位（兼任）驻摩大使是李凤林，继任大使先后是邓朝从、林贞龙、徐中楷、宫建伟、施隆壮、房利、佟明涛，现任驻摩大使是张迎红。

1996年3月，摩尔多瓦在北京设立大使馆。摩尔多瓦首任驻华大使是瓦西里·绍瓦，摩尔多瓦现任驻华大使是杰利马莱。

2008年9月24日，中国驻摩大使施隆壮向摩尔多瓦总统沃罗宁递交国书。

中摩两国建交以来，政治关系发展良好，领导人保持了频繁的接触。1992年11月5日—11日，摩尔多瓦第一任总统米·斯涅古尔应中国政府的邀请正式访华。这是摩尔多瓦独立以来第一位国家元首来华访问，是中摩两国关系史上的重要事件，为两国的友好合作奠定了基础。杨尚昆主席在欢迎斯涅古尔总统访华的仪式上说："中摩两国虽然远隔千山万水，但两国人民之间有着传统的友好往来，中国政府始终关注并支持贵国政府为维护本国的独立和发展经济所做的努力。中国很重视中摩两国关系。中摩两国建交以后，两国各方面的关系很快开展起来。中方愿意在和平共处五项原则基础上同摩尔多瓦共和国进一步发展各个领域中的友好合作关系。"访华期间，斯涅古尔总统与中共中央总书记江泽民和国务院总理李鹏进行了亲切的交谈，并访问了厦门和上海。访问结束以后，两国发表了关于两国合作原则的联合公报，还签署了一系列其他重要文件，如互免公务和旅游团体签证、开辟北京—基希讷乌航空线等协定。1995年4月，钱其琛外交部部长访问了摩尔多瓦，并代表中国政府向摩尔多瓦提供了价值50万元人民币的人道主义援助物资。1996年8月9日，以中国人大常委会副委员长吴阶平为团长的中国全国人大代表团访问摩尔多瓦。卢钦斯基议长在会见中国代表团时高度评价中国政府奉行的大小国家一律平等和不干涉别国内政的政策。

1996年3月，卢钦斯基以摩尔多瓦议会议长的身份应中国全国政协的邀请访华。中国国家主席江泽民、全国政协主席李瑞环、全国人大常委会副委员长王光英分别会见。在这次访问中，卢钦斯基议长评价摩中关系堪称大小国家之间关系的典范。

1997年5月，摩尔多瓦首都基希讷乌市市长访问中国，签订了北京-基希讷乌友好合作条约。

2000年，中摩两国在各领域的友好互利合作关系进一步巩固和发展。6月7日—11日，应江泽民主席的邀请，摩尔多瓦总统卢钦斯基对中国进行了国事访问。江泽民主席同卢钦斯基总统举行会谈。李鹏委员长、朱镕基总理同卢钦斯基会见。双方表示，将继续保持高层接触，不断拓展两国在各个领域的友好合作关系，共同努力，使两国友好合作关系在21世纪得到持续稳定的发展。摩方表示坚持一个中国的立场，重申不和台湾建立任何形式的官方关系或进行任何官方往来，不支持台湾加入只有主权国家才能加入的国际组织。双方签署了中摩关于在21世纪继续加强全面合作的联合声明、对所得避免双重征税和防止偷漏税的协定、民用航空运输协定、卫生和医学科学合作协定、动物检疫及动物卫生的合作协定、植物检疫合作协定等。10月18日—21日，应摩尔多瓦总统卢钦斯基的邀请，中共中央政治局常委、书记处书记尉健行正式访摩。摩尔多瓦总统卢钦斯基、议长迪亚科夫和总理布拉基什分别会见。访问期间，举行了中方向摩尔多瓦提供2 000吨粮食援助的换文仪式。

2001年，中摩两国友好互利合作关系进一步巩固和发展。4月，江泽民主席电贺沃罗宁当选摩尔多瓦总统；朱镕基总理电贺塔尔列夫就任摩尔多瓦政府总理；唐家璇外交部部长电贺切尔诺马兹再次就任摩尔多瓦外交部部长。9月4日，唐家璇外交部部长电贺杜德乌就任摩尔多瓦新外交部部长。7月19日—20日，应摩尔多瓦总统沃罗宁的邀请，江泽民主席对摩进行国事访问。江泽民主席同沃罗宁总统举行会谈，分别会见了摩尔多瓦总理塔尔列夫和议长奥斯塔普丘克。两国元首签署了《中摩联合声明》，双方还签署了中国政府向摩尔多瓦政府提供无偿援助的换文、两国政府教育合作协议和两国文化部2002—2004年文化合作计划。10月22日—24日，全国政协副主席孙孚凌访摩。摩尔多瓦总统沃罗宁、总理塔尔列夫、议长奥斯塔普丘克分别会见。11月20日—24日，应朱镕基总理的邀请，摩尔多瓦总理塔尔列夫正式访华。江泽民主席会见，朱镕基总理主持会谈。双方签署了两国政府开展葡萄种植与葡萄酒加工合作备忘录和司法部合作协议。

2002年1月，江泽民主席与摩尔多瓦总统沃罗宁、李鹏委员长与摩尔多瓦议长奥斯塔普丘克、朱镕基总理与摩尔多瓦总理塔尔列夫、唐家璇外交部部长与摩尔多瓦外交部部长杜德乌互致贺电，祝贺中摩建交十周年。5月12日—19日，应中联部的邀请，由摩尔多瓦共产党人党中央政治执行委员会执委、中央执行书记斯特潘纽克为团长的摩共代表团访华。中共中央政治局常委、书记处书记尉健行会见。7月23日—25日，外交部副部长李肇星赴摩尔多瓦进行两国副外长级磋商。摩尔多瓦总统沃罗宁、总理塔尔列夫、外交部部长杜德乌分别会见，李肇星与摩尔多瓦外交部副部长斯特维勒会谈。8月20日，摩尔多瓦总统沃罗宁就中国南方发生严重水灾向江泽民主席发来慰问信。8月25日—9月1日，应全国政协主席李瑞环的邀请，摩尔多瓦议长奥斯塔普丘克对中国进行了正式访问。江泽民主席、李鹏委员长、全国政协主席李瑞环分别会见了奥斯塔普丘克。9月2日—8日，摩尔多瓦宪法法院院长普什卡什访华。9月4日—8日，中国贸易展览会在基希讷乌举行，来自中国18个省市的67家企业参加。摩尔多瓦总统沃罗宁、总理塔尔列夫、外交部部长杜德乌等应邀出席开幕式。11月2日—5日，全国人大常委会副委员长成思危访摩，同摩尔多瓦总统沃罗宁、议长奥斯塔普丘克、总理塔尔列夫、摩共议员团主席和摩中议员友好小组主席斯特潘纽克分别会见。11月7日，摩尔多瓦共产党人党中央执行书记斯特潘纽克致信中共中央，祝贺我党十六大召开。11月15日，摩共主席、总统沃罗宁分别致电江泽民和胡锦涛，祝贺他们分别当选中共中央军委主席和中共中央总书记。

2003年中摩保持高层接触，在各领域的友好合作关系继续发展。2月23日—27日，应江泽民主席邀请，摩尔多瓦总统沃罗宁对我国进行了国事访问。江泽民主席与沃举行会谈，双方回顾了两国关系发展历程，确定了合作目标，就共同关心的国际问题交换了意见。胡锦涛总书记、李鹏委员长、朱镕基总理会见了沃一行。9月16日—18日，应摩尔多瓦总统、摩共产党人党主席沃罗宁邀请，中共中央政治局常委罗干对摩进行正式访问。摩尔多瓦总统沃罗宁、总理塔尔列夫、议长奥斯塔普丘克等分别会见了罗干同志一行。罗干还与摩尔多瓦共产党人党议员团主席、摩尔多瓦共产党人党中央执行书记斯特潘纽克举行了会谈。中摩双方就两国关系、两党关系、感兴趣领域的合作交换了意见。

　　2004年，中摩友好合作关系继续巩固和发展，各领域合作不断扩大。6月5日—8日，应摩尔多瓦议长奥斯塔普丘克的邀请，全国政协副主席李蒙率团访摩，分别与摩尔多瓦总统沃罗宁、议长奥斯塔普丘克、总理塔尔列夫及摩中友好议员团会见。8月22日，邓小平百年诞辰之际，摩尔多瓦总统沃罗宁致信中国国家主席胡锦涛、摩尔多瓦共产党人党中央执行书记斯特潘纽克致信中国共产党中央委员会，缅怀这位世纪伟人。8月27日，中国国家主席胡锦涛致信摩尔多瓦总统沃罗宁，祝贺国庆。10月1日，摩尔多瓦总统沃罗宁、议长奥斯塔普丘克和总理塔尔列夫分别致电胡锦涛主席、吴邦国委员长和温家宝总理，祝贺中国国庆。沃罗宁当选连任摩共主席后，中共中央总书记胡锦涛向其致信祝贺。12月13日—18日，摩尔多瓦副议长卡梅尔赞率摩议会常设局代表团访华。

　　2005年，中摩传统友谊不断巩固和发展。2月，摩尔多瓦总统沃罗宁致信我国国家主席胡锦涛，对辽宁阜新矿业集团公司孙家湾煤矿发生特大瓦斯爆炸事故造成重大人员伤亡表示慰问。3月26日，全国人大常委会委员长吴邦国致电祝贺卢普当选摩尔多瓦议长。4月5日，国家主席胡锦涛致电祝贺沃罗宁连任总统。4月20日，温家宝总理和李肇星外交部部长分别致电摩尔多瓦总理塔尔列夫和副总理兼外交部部长斯特拉坦，祝贺他们就职。6月19日—21日，中共中央政治局委员、北京市委书记刘琪访摩，分别会见摩尔多瓦总统沃罗宁、议长卢普和总理塔尔列夫。8月，国家主席胡锦涛、全国人大常委会委员长吴邦国、国务院总理温家宝和外交部部长李肇星分别致电摩尔多瓦总统沃罗宁、议长卢普、总理塔尔列夫和副总理兼外交部部长斯特拉坦，祝贺摩独立14周年。9月12日—14日，中国外交部部长助理李辉赴摩尔多瓦举行两国外交部磋商，与摩尔多瓦外交和融入欧洲部副部长奥斯塔列普会谈，并分别会见摩尔多瓦总理塔尔列夫和摩尔多瓦议会对外政策和融入欧洲委员会副主席约夫。9月底—10月1日，摩尔多瓦总统沃罗宁、议长卢普、总理塔尔列夫和副总理兼外交部部长斯特拉坦分别致信国家主席胡锦涛、全国人大常委会委员长吴邦国、国务院总理温家宝和外交部部长李肇星，祝贺中国国庆。11月15日—20日，摩尔多瓦国防部部长普列什卡访华，分别会见中央军委副主席、国务委员兼国防部部长曹刚川和全国政协副主席李蒙。11月25日—27日，"摩尔多瓦葡萄酒节"在北京举办，摩尔多瓦农业和食品工业部部长格罗登科率团参加葡萄酒节有关活动。

2006年，中摩友好交往不断扩大，各领域合作继续深化。4月，摩尔多瓦总统沃罗宁来云南休假。5月，应摩尔多瓦议长卢普邀请，全国人大常委会委员长吴邦国对摩尔多瓦进行正式友好访问。访问期间，吴邦国委员长与卢普议长举行了会谈，与沃罗宁总统和塔尔列夫总理分别举行了会谈。6月，摩尔多瓦国家葡萄酒局局长米罗内斯库率团来云南省昆明市参加第十四届昆明进出口商品交易会。8月，云南省省长助理汤黎路率云南省政府代表团访摩。9月，全国政协常委、提案委员会主任傅杰率团访摩；中共中央组织部部务委员兼组织局局长傅思和率团访摩。10月，摩尔多瓦副总理兼外交和融入欧洲部部长斯特拉坦访华，国务院总理温家宝、外交部部长李肇星分别会见和举行会谈。12月，摩尔多瓦经贸部部长多顿率团来华出席中摩经济贸易合作委员会第三次会议。同月，摩尔多瓦前总统卢钦斯基来华就医，外交学会会长杨文昌会见并宴请。

2007年，中摩友好合作关系积极稳步向前发展。1月，摩尔多瓦总统沃罗宁致电中国国家主席胡锦涛，祝贺摩中建交15周年。4月，"摩尔多瓦葡萄酒文化节"在上海举行，摩尔多瓦文化和旅游部部长科兹马率团参加。6月，中国红十字会向摩尔多瓦提供5万美元援助以帮助摩缓解旱情。7月，摩尔多瓦议会外事和融入欧洲委员会主席佩特连科访华。9月，浙江省副省长钟山率团访摩，分别与摩尔多瓦总理、经贸部部长、酒局局长等举行会谈。10月，摩尔多瓦总统沃罗宁分别就中华人民共和国成立58周年、中国共产党第十七次代表大会胜利召开、胡锦涛再次当选中共中央总书记致信国家主席胡锦涛表示祝贺。11月，国务院副总理回良玉过境摩尔多瓦。

2008年，中摩友好合作关系继续健康稳定发展。3月，胡锦涛主席致信摩尔多瓦总统、共产党人党主席沃罗宁，祝贺摩共第六次全国代表大会成功举行。中共中央政治研究室副主任方立率团与会。4月，摩尔多瓦最高法院院长穆鲁亚努访华。5月，摩尔多瓦总统沃罗宁致电胡锦涛主席，对中国四川汶川发生特大地震灾害，造成重大人员伤亡和财产损失表示慰问。摩尔多瓦政府向中国政府提供10万美元人道主义资金援助。摩尔多瓦夏季连降暴雨，引发严重洪水灾害，中国政府向摩尔多瓦政府提供20万美元人道主义资金援助，中国红十字会向摩尔多瓦提供2万美元救灾款。9月，全国人大外事委员会副主任委员马文普访摩。10月，摩尔多瓦议长卢普访华，全国人大常委会委员长吴邦国、全国政协主席贾庆林、国务院副总理李克强、全国人大常委会副委员长司马义·铁力瓦尔地分别会见。11月，中共中央政治局委员、中央书记处书记、中共中央组织部部长李源潮访摩，摩尔多瓦总统沃罗宁、议长卢普、总理格雷恰内分别会见。12月，摩尔多瓦共产党人党中央政治执行委员会委员、《机关报》主编伊萨耶夫访华。

2009年，中国与摩尔多瓦关系稳步发展。两国政治关系保持发展势头。9月，全国人大法律委员会主任委员胡康生访摩，分别与摩尔多瓦总统沃罗宁、总理格雷恰内会见，宪法法院院长德米特鲁·布尔别列会谈。9月，摩尔多瓦军队总参谋长扬·科罗普切安访华，国务委员兼国防部部长梁光烈上将，中央军委委员、总参谋长陈炳德上将分别会见并举行会谈。12月，中摩外交部司局级对口磋商在摩尔多瓦举行。

2010年9月13日，摩尔多瓦总理菲拉特来华出席上海世博会摩尔多瓦国家馆日活动和天津夏季达沃斯论坛，国务院总理温家宝会见菲拉特。3月22日—25日，摩尔多瓦宪法法院院长德米特鲁·布尔别列访华。4月29日—5月2日，摩尔多瓦副总理兼经济部部长瓦列留·拉泽尔来华出席上海世博会开幕式。

2011年9月11日—13日，全国人大常委会副委员长桑国卫访问摩尔多瓦，分别与摩代总统兼议长卢普、总理菲拉特、摩尔多瓦共产党人党主席沃罗宁和议会对华友好议员团主席约尼查会见，就双边关系、议会交往和其他共同关心的问题交换意见。9月21日—25日，摩尔多瓦副总理莫尔多瓦努来华出席欧亚经济论坛。10月11日—14日，摩尔多瓦副总理兼欧洲一体化部部长尤里·良格正式访华。

2013年11月14日，中华人民共和国政府与摩尔多瓦共和国政府关于援摩经济技术合作协定签字仪式在摩尔多瓦首都基希讷乌市举行。摩尔多瓦政府总理尤里·良格会见了在摩尔多瓦访问的商务部姜增伟副部长并举行了会谈。会谈后，良格总理和姜增伟副部长分别作为本国政府代表签署了《中华人民共和国政府和摩尔多瓦共和国政府经济技术合作协定》。驻摩大使佟明涛和经商参赞须同凯参加了上述会见和签字仪式。

2014年两国政治互信加深，双边交往密切。两国领导人就重要事件和节日互致贺电。党际交往和地方合作日趋频繁。6月4日，交通运输部副部长王昌顺在京会见了摩尔多瓦民主党代表团，双方就加强交通运输领域合作交换了意见。7月，摩尔多瓦共产党人党干部考察团访华。9月21日，中共中央对外联络部副部长周力率中共友好代表团访问摩尔多瓦，增进了中国共产党与摩尔多瓦主要政党的相互了解和友谊。9月，甘肃省政协副主席刘立军访摩，签署《甘肃省与基希讷乌市建立友好合作关系意向书》，云南省与摩尔多瓦农业部签署《云南省与摩农业部合作备忘录》，丰富了双方交流合作的渠道与平台。

二十多年来，两国友好合作关系不断推进，政治互信日益加深，务实合作逐步扩大。在国际和地区事务中，双方也保持了良好合作。虽然自身并不富裕，但在中国人民遭遇自然灾害时，摩尔多瓦人民感同身受，多次伸出援手。2008年四川汶川特大地震后，摩尔多瓦向中方提供了10万美元的人道主义援助。2010年，摩尔多瓦又为中国的青海玉树地震灾区和南方水灾灾区捐款5万美元。这种感人至深的友好情谊值得我们倍加珍惜。在教育、科技、文化、卫生等人文领域，中摩两国的合作也进展顺利。中方多次派团参加摩尔多瓦举办的文化艺术节等大型展演活动，中国的西北师范大学与摩尔多瓦自由国际大学合作开办了孔子学院。为了满足当地人学习汉语的热情，这所孔子学院还在摩尔多瓦的首都基希讷乌市设立了两个教学点。

鲜为人知的是，在摩尔多瓦还有一个"中国村"。这个村庄位于基希讷乌市以北46千米处的奥尔海伊附近，这里曾经生活着一位中国人，名叫张青山。1901年，张青山在中国为两名俄罗斯人带路，后来被其中的一位带出国境，来到摩尔多瓦，从此在摩尔多瓦定居。张青山娶了一位摩尔多瓦姑娘为妻，生了三个儿子和两个女儿，家庭生活幸福美满。他的后裔已经繁衍至第五代。此事在当地被传为佳话，这个"中国村"作为中摩友好的象征，也为两国人民继续发展友好合作关系树立了榜样。

第八章 经济

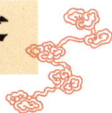

摩尔多瓦独立后，经济形势一直不景气。以农业为主，葡萄酒业等食品加工业是其特色。尽管农业资源丰富，但工业技术落后，产业结构单一，基础设施不完善，国内就业压力大，急需投资以发展本国经济、扩大就业、改善民生。2001年经济出现恢复性增长，2013年摩尔多瓦人均GDP只有2 235美元。尽管在近年来，摩尔多瓦的贫困人口已经急剧下降，但其仍然是欧洲最贫穷的国家之一，2014年的人均GDP仅为2 233美元。2010—2014年，摩尔多瓦的实际GDP平均增速为5.4%，这大部分是健全的宏观经济政策和结构改革的结果。

第一节　概述

一、经济发展趋势

自独立以来，摩尔多瓦经济经历了剧烈震荡到平稳增长再到大幅下滑的起伏曲线。从1991年8月独立到2000年，由于苏联时期的市场割裂以及此后摩尔多瓦实行的激进经济政策使摩经济严重衰退。在这期间，摩尔多瓦GDP下降50%，农业和农工综合体倒退了35~40年，外债增加到15亿美元；2001—2008年，执政的两届政府积极改善各方关系，实行了比较符合本国国情的务实经济政策，经济状况出现了转机。这一期间，摩尔多瓦GDP年平均增长6%以上，人均GDP达1 300美元，经济逐渐走向稳定与恢复。从2008年年底至今，由于受到世界金融危机严重冲击和摩尔多瓦国内政局持续动荡，经济再次严重下滑。

摩尔多瓦国家银行数据显示，截至2015年12月31日，该国外汇储备为17.56亿美元，同比下降4亿美元，降幅为18.5%，已回到2010年的水平。该国外汇储备曾于2013年达到历史峰值，为28.27亿美元。外汇大幅减少，给该国经济带来很大压力。

据摩尔多瓦国家注册局对外公布的数据，2015上半年，该国关闭企业1 592家，同比增加17.4%；其中，地方企业约占67%，首都基希讷乌市的企业占33%。而据早先公布的数据，2014年全年，该国关闭企业总数为2 770家，同比减少1.3%。

与此同时，2015年上半年，该国新注册企业3 084家，同比减少4.5%；其中，65%的新注册企业来自首都基希讷乌市，53%的新注册企业从事商品批发零售贸易。而据早先公布的数据，2014年全年，该国新注册企业总数为6 263家，同比增长0.5%。

2015年第一季度，摩尔多瓦工业生产较上年同期增长了7.7%，1—4月份货物运输同比下降了2.8%，侨汇同比减少了27.2%。

据摩尔多瓦国家统计局对外公布的统计数据，2015年，摩尔多瓦平均名义工资为4 610.9列伊（按年平均汇率折算约合245美元），同比增长10.5%，但扣除通胀因素后的实际工资增长幅度仅为0.7%。从行业工资水平比较来看，以2015年12月份为例，国家财政供养人员平均实际工资为4 161.7列伊（约合210美元），同比增长4%，而实体经济部门平均实际工资为5 683.8列伊（约合287美元），同比增长8.6%，金融和保险部门的平均工资水平最高，为10 685.4列伊（约合539美元），艺术和娱乐休闲服务行业的平均工资水平最低，为3 118.6列伊（约合157美元）。

根据国家统计局统计数据，2015年第一季度，该国进出口贸易大幅下降；其中，出口4.882亿美元，同比下降14.8%，进口9.759亿美元，同比下降19.9%。摩尔多瓦对欧盟出口依存度进一步加大，由2014年的55.6%上升到2015年的65.5%，增长了近10个百分点，而对独联体依存度则下降了10.3个百分点。出口仍主要依赖上述两大市场。对上述两大市场的进口依存度则出现小幅双降，中国因素似有显现。

❀ 二、私有化问题

摩尔多瓦独立以后，在全国范围内推行从计划经济向市场经济过渡的改革政策。

摩尔多瓦过渡时期的主要任务是改公有制为私有制，并出台了新的所有制法规。根据新法规，全国有三种所有制形式并存，即私人所有制、集体所有制和国家所有制。1991年1月22日颁布的《财产法》中规定，私有财产受到国家法律的保护。《财产法》把财产分为三种，即私有财产、集体所有财产（包括集体农庄的财产）和国有财产。根据这项法律，财产所有人有权占有、使用和处置财产。摩尔多瓦议会从1991年起陆续批准实施的《所有制法》《私有化法》《企业和企业集团法》《破产法》《证券法》《土地法》《投资法》等一系列法律法规均旨在发展市场经济，导入自由竞争机制。这些法律法规为国家的改制工作奠定了法律基础。到2000年，摩尔多瓦已经基本构筑了改变国家所有制形式的法律框架。

作为对《私有化法》的补充，摩尔多瓦议会还通过了《股份公司法》《投资基金组织法》等法律法规。《股份公司法》详细地阐述了建立股份公司的程序和改善已建股份公司管理的原则。根据《投资基金组织法》的规定，摩尔多瓦"私有化投资基金组织"在1998年7月1日以前应改组为"投资基金组织"。该法规定，私有化投资基金组织的投资在个别企业股份中的比重要达到其净资产的25%（股票面额的大小不限）。依据这一条规定，有实力的基金组织可以同时实现对5~6个企业的控制。该法禁止基金组织凭自己的资产抵押获得贷款。

摩尔多瓦国有资产私有化的最高领导机构是全国私有化委员会。它由总统直接领导，是实施摩尔多瓦共和国国有财产私有化统一政策的机构，下设国家私有化局，负责建立国有财产私有化的地方机构，并向摩尔多瓦议会报告工作。全国私有化局相继制定并颁布了《1993—1994年私有化纲要》《1995—1996年私有化纲要》《1997—1998年私有化纲要》。

摩尔多瓦国有资产私有化的主要方式是通过拍卖和招标的方式出售国有财产及拍卖私有化财产的股票。

私有化工作完成以后，在摩尔多瓦经济中，私营成分已占优势。

全国有3 000多家私有制股份企业。私有经济成分在农产品加工企业中占93%，在轻工企业中占89%，在商业和服务行业中占96%，制糖、罐头工业，肉、奶企业，农产品采购和销售已100%为私有经济。85%的居民住房已转归私人财产。私人工业企业的产品占全国工业产品的60%，私有企业承担着全国44%的基本建设工作和交通运输。在私有化过程中，摩尔多瓦国内资本市场逐渐形成，投资基金、信托公司、中介公司、证券公司和证券交易所初具规模。

第二节　　农业

从经济结构上看，摩尔多瓦是一个以农业为主的国家，农业产值占其国内生产总值的50%左右，全国有46%以上的劳动力从事农业生产。

❖ 一、农业概况

农业以及与农业相关的部门是摩尔多瓦国民经济赖以发展的基础。农业生产直接关系到全国人民的物质生活，对国家的经济发展有很大影响，一直受到政府的重视。

在国际金融危机负面影响不断深化的情况下，摩尔多瓦农业领域所受冲击逐渐显现出来，许多在国外打工者返乡寻找工作，其中农村人口占很大一部分。在这种情况下，摩尔多瓦政府不断加大对农业的支持力度。摩尔多瓦国土面积的80%是黑土高产田，适宜农作物生长，盛产葡萄、食糖、食用油和烟草等，曾是苏联水果和浆果、玉米、向日葵和蔬菜等农作物的生产基地之一。全国播种面积约185万公顷，谷类占播种面积的50%，经济作物占22%。种植业占农业总产值的70%。主要农作物有玉米、冬小麦、大麦、裸麦；主要经济作物有烟草、甜菜、大豆、向日葵、亚麻和大麻。向日葵是最重要的经济作物之一，全境均有种植，尤以东南部为多。葡萄、烟草、其他水果和甜菜产量都很高。其中尤其以葡萄种植业最为知名。葡萄和烟草产量在独联体国家中居首位，水果和甜菜产量居第3位。另外，摩尔多瓦的草药、香精、玫瑰油、母菊油、薰衣草油、鼠尾草油等享誉国际市场。

🌸 二、葡萄种植业

摩尔多瓦拥有着得天独厚的地理和气候条件，摩尔多瓦的国土形状就像一串葡萄。摩尔多瓦绝大部分葡萄园位于北纬46°～47°，遍布全国的丘陵、谷地提供了优质的斜坡，同时还有南部的黑海调节气候。摩尔多瓦的大部分国土都适宜种植葡萄。

葡萄种植面积广，主要分为以下几个产区。

（一）瓦卢图拉城产区

瓦卢图拉城产区位于两面图拉真城墙之间，拥有约43 230公顷葡萄园，这个区域比较接近地中海气候，夏季干热少雨，冬季短暂温暖。这里大部分的葡萄园都位于普鲁特河岸的斜坡上。黑比诺、美乐和赤霞珠在这里都比较常见，用于酿制酒体丰满、香气集中的红葡萄酒。此外，这里还盛产摩尔多瓦最好的甜葡萄酒。

（二）斯特凡沃达产区

斯特凡沃达产区坐落于摩尔多瓦东南部。受黑海影响，斯特凡沃达产区属于温和的大陆性气候。这个接近黑海的产区拥有约15 000公顷的葡萄园，东边蜿蜒着尼斯特鲁河，平均海拔为60～70米。黑海吹来的微风"轻抚"着这里的葡萄园，使这里产出了平衡、饱满、精致、独特的葡萄酒。这里最著名的子产区就是普尔卡丽产区，拥有着种植红葡萄的绝佳条件——美乐、赤霞珠和本地品种黑姑娘葡萄都酿造出了非常优质的、适合陈年的红葡萄酒。

（三）科德雷产区

科德雷产区位于包括首都基希讷乌在内的摩尔多瓦中心地带，拥有约52 500公顷葡萄园，是摩尔多瓦产业化最发达的葡萄酒产区，大部分的酿酒商和装瓶公司都集聚在此。被评为2015年摩尔多瓦最好酒庄的阿思崆尼酒庄也在此区。这里冬季漫长而不太冷，夏季炎热，秋季温暖。广袤的森林占据了25%的产区领土面积，既能保护葡萄园抵御冬天的寒风，又能帮助抗击夏季的干旱，成为影响产区微气候的关键因素。这里适宜种植白葡萄，如长相思、雷司令、霞多丽、阿里高特和本地品种白公主。值得一提的是，摩尔多瓦数一数二的地下酒窖，也是世界超级大酒窖米列什蒂·米奇酒窖和克里科瓦酒窖都在这个产区。在这两个酒窖内，街巷纵横数十公里，堪称地下酒城，并建有摩国特色的宏大宴会厅，多次成为摩尔多瓦领导人举办国宴的场所。

（四）伯尔齐产区

伯尔齐产区是摩尔多瓦最小的葡萄产区，拥有约5 750公顷的种植面积。相比于其他产区，这里的冬季更长、更冷，比较适合白葡萄生长，如长相思、雷司令、霞多丽等国际品种和白公主等本地品种。大部分的葡萄会被用来酿制优质白兰地。少部分葡萄会用来酿造一些简单的餐酒。

第三节　　工业

摩尔多瓦整体工业基础薄弱，但摩尔多瓦食品工业较发达，主要有葡萄酒酿造、肉类加工和制糖业等。轻工业主要有卷烟、纺织和制鞋。

一、工业概况

苏联时期，摩尔多瓦工业的发展速度首次超过农业。20世纪80年代，在国内生产总值中，工业产值已比农业产值高出1.3倍。在工业产值中，食品加工工业的产值居第一位，重工业居第二位，轻工业居第三位。各工业部门在工业经济中所占的比重：电力占23.5%、机器制造业和冶金加工工业占13.7%、木材和木材加工工业占3%、建材业占8.5%、轻工业占9.6%、食品工业占36.7%。摩尔多瓦东部的冶金工厂在21世纪初仍被认为是欧洲最好的企业，它生产的高质量产品被挑剔的顾客购买，但是本土原料只能满足该企业所需的15%~20%。

2008年摩尔多瓦工业生产总值为296亿列伊，约合28亿美元，比2007年增长0.7%。其中私有企业产值占44.2%；合资企业产值占21.7%；公私合营企业产值占12.6%；国有企业产值占11.9%；外资企业产值占9.6%。

摩尔多瓦工业的致命弱点是完全依赖于外部提供的原料、能源和技术。天然气全部自俄罗斯进口。汽油、煤及生产热能所需的重油全部靠进口。电力的30%由尼斯特鲁地区输入，28%自乌克兰进口，18%自罗马尼亚进口，自供比重仅占24%。摩尔多瓦每年约用60%的国民收入购买能源。

2015年该国工业生产同比增长0.6%，其中，采矿业生产同比下降了9%，加工业同比增长了2.3%，食品饮料加工业同比下降了4.8%，电气设备同比增长32.2%，服装增长19.9%，化工产品增长17.6%，医药增长16.9%，除机器设备以外的金属构件增长8.9%，机器设备增长8.5%，鞋类增长6.6%，橡胶熟料制品增长5.9%，皮革箱具类产品增长4%，家具增长3%。与此同时，烟草业生产同比下降了51%，冶金业下降了24%，纺织产品下降了3.1%，纸类产品下降了3%，电子光学产品下降了0.7%，能源产品下降了1%。

摩尔多瓦没有工业领域的传统优势产业，轻工产品也主要是一般日用品、服装（主要是来料加工）、鞋帽等。

主要工业产品有：

1. 电泵产品

苏联时期保留下来的军工企业和各类科研院所从事这方面的产品研制，较大的企业，如某水利技术公司研究和生产各种高技术两速屏显电泵。

2. 声呐测量设备

声呐测量设备由位于摩尔多瓦第二大城市伯尔齐的某水声设备研究所研制。主要产品是舰船用多普勒声呐测速仪。该产品科技含量高，质量可靠，是一种高科技产品。

3. IT及软件设计

摩尔多瓦在软件开发、程序设计方面产值每年在300万~400万美元，产品约40%在国内市场销售，约60%出口。该行业特点是拥有一批技术水平较高的软件设计开发人员，但该行业的人才流失严重。

❧ 二、葡萄酒酿造业

摩尔多瓦作为苏联计划经济体系下的主力供酒国之一，是全球第十大葡萄酒生产国，用于酿酒的葡萄种植面积约为11.2万公顷，与法国波尔多产区面积相仿，有着悠久的葡萄酒历史。葡萄酒产业约有25万就业人口，产值占到3.2%的GDP总量，占出口比重约为7.5%。摩尔多瓦虽然只是个300多万人口的内陆小国，不过葡萄酒方面却是颇具实力和潜力的大国。

2012年，摩尔多瓦最令人鼓舞的消息就是葡萄酒小量生产合法化的政策出台。在此之前，小生产商需要依靠大型国有生产商才能使自家产品进入市场。

摩尔多瓦葡萄酒酿造企业一般设备较为先进，管理科学，加工标准化程度高，生产的葡萄酒品牌多，质高价优，在国际市场上极具竞争力。葡萄酿酒行业注重品牌、质量意识。全国各葡萄酿造企业均执行统一的国家标准。其主要特点有：

（1）一个品种、一个品牌全国一致，保证了各种品牌酒的不同风味。在全国范围内，不论何家酒厂，只要是同一品种的葡萄，用同一工艺酿造的酒，都是用该种葡萄的名字来命名酒的品牌，使不同品牌的酒有不同的风味，丰满、醇厚、清新，各具特色，不会雷同。

（2）原料及产品质量标准一致，严格确保酒的质量。摩产葡萄酒的原料及产品质量标准由全国统一制定，各厂共同自觉遵守执行。酒厂收购生产原料前需到园中进行实地检测，内含物含量指标未达到标准则不采收。同时还根据内含物含量的不同而酿造不同种类的酒，如含量达20%时，制高档干红，19%制香槟，17%制高档干白，17%以下则制中低档酒。各酒厂均能检测其产品成分，如酒中的天然酒精、维生素、微量元素等含量，未达标不出厂，由国家统一监督执行，从而保证了摩尔多瓦各类葡萄酒的质量既高又稳。

（3）贮存条件严格而优越。摩尔多瓦各酒厂都有足够容量的地下酒窖，酒窖温度常年保持在12℃~16℃，湿度保持在80%以上。贮酒容器多采用橡木桶。所有的酒都要经一定时间的贮藏方可灌装出厂。许多酒厂都大量贮藏着3~30年，有的甚至达50年的酒。因此，科学的贮藏成为摩葡萄酒创造高收益的有力保证。

（4）设备先进。许多历史悠久的老厂都更新了设备，安装了进口灌装线，使生产能力大大提高。

摩尔多瓦对12个符合国际惯例、按产地进行了商标注册的品牌葡萄酒进行工艺研制和加工整理，该整理文件已获批准。摩尔多瓦几乎所有的葡萄酿造产品，如白兰地及高品质葡萄酒只用软木塞封口。为加强对假冒伪劣产品的打击，在封瓶软木塞的上方印有企业商标。

摩尔多瓦各葡萄酒酿造企业可对成品防伪采用全息图技术，彻底消除假冒伪劣产品。1994年摩尔多瓦加入国际葡萄种植暨葡萄酒酿造组织，从而在葡萄酒酿造发达国家及在国际市场占有一席之地。作为世界上葡萄栽培和葡萄酒生产强国，摩尔多瓦积极扩大与世界各国在该领域的交流和合作，尤其对中国市场表现出极大的兴趣。

✿ 三、自由经济园区

摩尔多瓦境内建有8个自由经济园区。园区拥有独立的海关，区内实行特殊的关税、税收、外汇、签证和劳务制度。园区内可以从事出口产品的生产，过境商品的分类、贴标、包装和类似业务，以及为完成上述工作所必需的公共服务、仓储、建筑、供电等业务。园区内企业享受的优惠是：出口税减半，出口以外的收入税减75%；投资100万美元以上的企业3年免征所得税，投资500万美元以上的企业5年免征所得税。

（一）基希讷乌对外商务区

基希讷乌对外商务区成立于1995年，有效期为30年。园区占地29.41公顷，距离基希讷乌国际机场仅2 000米，临近国际公路和铁路网。该区优势是基础设施完备，可提供约2 500平方米的办公区域、仓库和生产空间。劳动力素质高。截至2010年，共有57家注册园区企业。

（二）温盖尼自由经济园区

温盖尼自由经济园区成立于2003年，有效期为42年，核心业务是工业生产、货物出口。该园区占地42.34公顷，有35家注册企业，距离基希讷乌国际机场140千米，距离国道1 000米，可连接俄标铁路，距欧标铁路2 000米，可提供6 000平方米的工业厂房，1 020平方米的仓储空间，1 600平方米的办公空间。

（三）奥塔西自由创业商务区

奥塔西自由创业商务区成立于1999年，有效期为25年，占地

32.17公顷。2010年，该商务区有12家注册企业。主要业务是家具制作、对外贸易、木干燥、生物汽油、砂处理等。它距离国道500米，最近的火车站仅1 000米，可提供工业厂房30 000平方米，存储空间10 000平方米，办公空间1 759平方米，可用土地34 800平方米。

（四）塔拉克里亚自由创业区

塔拉克里亚自由创业区成立于1999年，有效期为25年，占地36公顷，位于铁路沿线。该区内注册企业12家，可提供3 307.5平方米的建筑工程，2 880平方米的船舶生产空间，2 000平方米的仓库。

（五）特瓦尔基塔自由创业园区

特瓦尔基塔自由创业园区成立于1995年，有效期为30年，占地3.57公顷，靠近公路网络。它有5家运营企业，主要生产酒类饮品和肉制品。

（六）乌尔格内什蒂自由创业区

乌尔格内什蒂自由创业区成立于1999年，有效期为25年，占地122.3公顷。核心业务是工业生产，也进行对外贸易和相关服务。优势是靠近边境，距离乌克兰仅1 000米。附近有国际自由机场。它可提供近千平方米的生产空间，近千平方米的存储空间，可租可售。

（七）伯尔齐自由经济区

伯尔齐自由经济区成立于2010年，有效期为25年。三期共占地121.85公顷，紧邻国际机场。该区内注册企业7家。优势是交通便利，通信发达。它还建有农业和食品中心（包装和冷库设施）、光伏电池板工厂。

（八）马尔古列什蒂国际自由航空港

马尔古列什蒂国际自由航空港建成于2008年，有效期为25年，占地面积266公顷，其中机场用地206公顷，发展用地60公顷，有12家注册企业。核心业务是航空运输，航空服务，以及以出口为导向的工业生产和外贸。它可提供生产用地、仓库、飞机以及其他设备的维修基地、酒店住宿、直升机运输。

（九）玖尔玖列什蒂国际自由港

玖尔玖列什蒂国际自由港是摩尔多瓦唯一私有经济区，有效期至2030年。面积为45公顷，待开发面积为65公顷。优势是直接接入海内河运输，同时连接俄标和欧标铁路系统，免收进口关税，税收优惠力度大，无管理费，提供高素质服务。

摩尔多瓦没有特别的鼓励技术引进的专门的优惠政策，所有优惠政策均包含于对投资主体的总体优惠政策之中，即：企业为生产而引进的技术设备免关税和增值税，期限不限；50%以上收入依靠销售自行研制的程序产品的IT企业，5年免缴所得税；企业在科技创新领域的再投入免征所得税，期限不限。企业还在税收上享受特殊优惠，其主要内容是：注册资金超过25万美元的企业，5年所得税减半；注册资金超过200万美元的企业，3年免除所得税（免除税收盈利的80%应继续投入本企业生产或投入国家经济发展规划）。

2003年12月中旬，中国经济专家代表团曾应邀对摩尔多瓦进行考察访问，代表团对摩尔多瓦自由经济园区的立法及运作情况进行了较全面的了解。当时摩方对中方投资摩自由经济园区寄予很高的期望，摩尔多瓦总统在会见代表团时明确表示，如中国企业愿意投资园区，摩方可提供额外的优惠条件，包括对现行的法律、法规做适当的调整。

在2008年3月初举行的中摩双边经贸混委会第四次会议上，摩方又力荐两国开展园区合作。

摩尔多瓦现已获得欧盟给予的全面的不对等关税优惠待遇，摩尔多瓦与独联体国家和东南欧稳定公约组织大部分国家签有自由贸易协定，外国企业如在摩尔多瓦自由经济园区投资生产，并获得摩尔多瓦原产地证，其产品将可自由进入这些国家和地区。这无疑提高了吸引外资的魅力。

摩尔多瓦政府将建立自由园区作为一项重要的工作来抓，通过自由园区提供的一系列优惠条件吸引更多的外资进入，从而推动经济的发展。发展自由经济园区是摩尔多瓦的一项长远计划，为完善自由园区的内部管理，减少问题的出现，摩尔多瓦政府已出台了新的发展策略，即在每一个自由园区选举出一个由区内企业代表参加的理事会，负责管理区内的日常工作，保证园区的正常运行。与此同时，摩尔多瓦政府还在考虑增加自由园区的数量,在具备一定工业技术和基础设施的行政区内建立自由园区。

❖ 四、主要工业城市

(一) 基希讷乌

基希讷乌是全国的经济中心。全市有100多家工业企业,可以生产潜水泵、示波器和探伤仪,其中机器制造业产品几乎占全国产量的50%,拖拉机和农用机器产品占80%,洗衣机、民用冰箱、裘皮、鞋袜占100%,工业产值占全国工业总产值的1/4。该市的产品远销世界30多个国家。精密仪器仪表工业是该市的新建工业部门,以电机厂、精密仪表厂、显微镜厂为主要生产部门。该市的食品工业在苏联时期获得了长足的发展,葡萄酒产量占全国产量的32%、糖果占73%、香肠占37%、肉占30%。轻工产品:套头毛衣的产量占40%、针织内衣占35%。新兴的化工部门可以生产人造皮毛、人造纤维等。该市50%的产品出自私营企业和合资企业。

(二) 伯尔齐

伯尔齐是摩尔多瓦重要的工业城市。该市内有4个工业区,40多家大型企业。食品、轻工、电子、农业机械、建材等产业发达,年总产值达44亿列伊(2015年)。2010年设立伯尔齐经济自由区。

第四节　旅游业

旅游业被称为现代无烟工业,在世界上许多国家已成为国家经济的重要领域和外汇收入来源之一。摩尔多瓦是一个拥有旅游潜力的国家,她秀美的自然风光和丰富的历史文化遗产为旅游业的发展创造了前提条件。总体来看,摩尔多瓦近年来旅游业的发展像其他行业一样面临着重重困难,其潜力还未被有效挖掘出来。如何开发利用现有的旅游资源,吸引更多的游客来摩正逐渐引起摩尔多瓦有关方面的重视,振兴旅游业、建设和完善旅游服务基础设施已被提上日程。

❀ 一、旅游业发展概况

苏联解体使摩尔多瓦旅游业像国民经济其他行业一样遭到了很大破坏，摩尔多瓦有从事旅游服务的各类公司约200家。统计显示，1995年来摩旅游人数约32 800人，此后游客人数逐年减少，2001年游客人数约为15 700人，2001年后情况有所好转，2003年是旅游业发展较好的一年，该年来摩游客数量约为153 000人。2006年1月—9月摩尔多瓦旅游收入约1 330万欧元，同比增长39.1%，旅游业实现利润同比增长6.9%。2011年摩尔多瓦共接待约9 000名国际游客，成为欧洲旅游人数最少的国家。2013年，在《孤独星球》游客选择调查中，摩尔多瓦成为世界上仅次于不丹的冷门目的地。

由于游客中很大一部分不是通过旅行社来摩旅游的，根据驻摩尔多瓦各外国使馆发放签证数量的统计以及机场外国旅客流量的估算，每年来摩旅游、探亲、休假以及做商务旅行的人数应为80 000~100 000人。即使这样，来摩游客数量也大大少于苏联时期。2000年以前，来摩的旅游者50%以上为独联体国家游客，2000年以后，来自独联体以外国家和地区的游客数量呈上升趋势，现约占游客数量的1/3，主要是罗马尼亚、美国、土耳其、意大利和德国等欧美国家游客，亚非拉等国游客数量相对较少。

摩尔多瓦是拥有旅游潜力的国家，其领土大部分在尼斯特鲁河和普鲁特河间，几个世纪以来一些地貌一直被完好无损地保存下来，如老奥尔海伊古城、蒂吉纳古堡、葡萄种植园、葡萄酒酒窖等都是世界闻名的旅游景点。其中自蒂吉纳古堡沿尼斯特鲁河至黑海沿岸有大片原始森林，被誉为"土耳其花园"，是欧洲保护得最好的森林；有保存完好的19世纪末沙俄建立的第一个古生物保护区以及130个自然遗迹；有载入吉尼斯世界纪录的世界上面积最大和最长的地下葡萄酒酒窖。此外，摩尔多瓦还有一些重要的历史文化及宗教旅游景点，如基希讷乌的俄罗斯伟大诗人和作家普希金故居是目前除俄罗斯圣彼得堡以外仅存的两座普希金故居之一。

❀ 二、旅游资源

摩尔多瓦旅游资源丰富，既有历史文化遗迹，也有自然风光。很多历史文化遗迹就往往位于自然风光优美的地域。距离首都较近的旅游名胜古迹通常旅游配套设施完备，交通便利，能够满足游客参观、住宿、餐饮、购买纪念品等需求。比较热门的旅游胜地包括博物馆、修道院、古城堡、洞窟、酒窖。

（一）自然资源

摩尔多瓦共有国家自然景观保护区和自然研究保护区各5个。这些保护区内生长着许多珍贵、美丽的乔木和灌木，保留着洞穴和山谷的原始风貌，体现着摩尔多瓦独具魅力的自然风光。摩尔多瓦北部的科德雷自然研究保护区成立于1971年，是最早受到国家保护的大型植物园，占地5 000公顷，园内风景如画，种植有上千种国内外林木。

乔木和灌木种类最多、最全的是基希讷乌植物园，基希讷乌植物园是闻名遐迩的旅游胜地。

（二）历史名胜

（1）基希讷乌周边古迹

奥尔黑尔维克古建筑群、撒哈尔纳洞窟、撒哈尔纳修道院、茨波夫洞窟及洞窟修道院、凯来拉筛乌拉卡修道院、索罗卡军事要塞、凯塞乌茨修道院、东正教十字架（凯来拉筛地区四处修道院的总称）、新尼亚美茨修道院、路奇修道院、恩库修道院、库尔基修道院、米列什蒂·米奇和克里科瓦大酒窖都是首都附近的景点。

索罗卡军事要塞是摩尔多瓦防御工事体系中一处关键城堡，距离首都160千米，是唯一完全保留原始风貌的中世纪建筑，是欧洲唯一符合黄金分割比例的军事建筑。欧洲著名历史人物德米特里·坎特米尔、彼得大帝等曾在此驻军。它被认为是摩尔多瓦人民坚强、勇敢、优良品德的象征，是民族生生不息的象征。

奥尔黑尔维克古建筑群是一处露天历史遗址，距离首都50千米。此处保留有不同时期不同民族的文化遗迹：公元前10—1年达契亚人的要塞，14世纪蒙古的城市，15—17世纪的摩尔多瓦城市。数处遗址的中心是高耸于悬崖峭壁之上的9—15世纪的修道院。崖顶巨大的石刻十字架留下很多动人的传说。这些遗迹是研究历史文化的宝贵财富。

凯普力亚纳圣母升天修道院距离首都40千米，是最古老的修道院之一，是在摩尔多瓦宗教、历史、文化、文学方面最具代表性的圣地，建有圣母升天教堂（1545）、圣尼古拉教堂（1840）和圣乔治教堂（1903）。该修道院历史悠久，深受历代帝王的喜爱和关照，曾作为摩尔多瓦都主教的夏季行宫。历届修道院院长也是名人辈出，包括诗人吉尔良、编年史家耶夫菲米等。这里有摩尔多瓦最大的修道院图书馆。

扎布卡女修道院距离首都100千米，是唯一一座苏联时期正常运转的宗教场所。教堂位于林木葱郁的崖壁下方。修道院前身就是一座崖壁修道院。1812年之前仅有两座木质教堂，变成修道院后开始香火鼎盛。19世纪木质教堂被石制教堂取代。第一次世界大战期间成为女修道院。该修道院附近有五处天然泉眼，具有医疗价值。

恩库修道院建于1678年，距离首都55千米，四周古木参天，泉水潺潺。最初它是女性隐修院，建有献给摩尔多瓦女庇护神的圣帕拉思科娃教堂，18世纪成为男性隐修院，1836年，升级为修道院，建成石制教堂。它是国内第一处宗教聚居地，苏联时期被改建成俱乐部。1992年，它恢复为女性修道院，渐渐恢复往日的功能和荣光。

茨波夫崖壁修道院距离首都100千米，堪称摩尔多瓦的雅典卫城，坐落在尼斯特鲁古河道，风景优美，河流飞瀑，孕育有极丰富的水利资源。它建有圣十字架教堂（11—12世纪），圣尼古拉教堂（14—15世纪），拥有6—18世纪的建筑。据说该修道院的修士长于档案学，在修道院的山洞里藏匿着珍贵的书籍。

（2）苏恰瓦周边古迹

苏恰瓦地区许多举世闻名的修道院大多建于15—17世纪，它们如璀璨的明珠镶嵌在这片苍翠的土地上。

胡摩尔修道院为修女院。它建在山顶上，周围环绕着树木和草原，距苏恰瓦市区47千米，是典型的当地风格建筑。它是由一个贵族法官始建于1513年。16世纪30年代它不幸毁于一场自然灾害。1530年，摩尔多瓦大公佩特鲁·拉雷什下令重建。新的修道院建在离旧址500米之处。1641年，当时的瓦西里·卢普大公又修建了一个围墙和瞭望塔楼，使修道院进一步规范。1775年奥匈帝国入侵，把修道院关闭，只留下一个小教堂。1850年后这个被废弃的修道院曾做过仓库、学校。一直到1993年，胡摩尔才获得新生，重新恢复为修道院并对外开放。

德拉戈米尔纳修道院建于1602—1609年，因旁边有一片名为"德拉戈米尔纳"的森林而得名，距苏恰瓦县城12千米。该教堂的创建人是摩尔多瓦公国的大主教克里姆卡。这是一座堡垒式的建筑，深宅大院，高墙耸立。它的坚固壮观让人一看就有踏实之感。修道院内建有一座主教堂和一座小教堂，教堂外墙没有彩画，也没有特定的代表色。但它的建筑十分壮观，高墙周围有五座塔楼，分别为禅房、僧舍、餐厅、院长楼和墓地。修道院的主教堂名为"圣灵下凡"，其形状为船形，蔚为壮观。大门的顶部是个钟楼，实则一个独特的"瞭望塔"。高高的"瞭望塔"是白色的，巍峨壮丽。这座堡垒式修道院隐藏在茂密的森林中，旁边一片湖泊成为第一道防线，整个修道院看起来确有金城汤池、坚不可摧之势。

（三）文化娱乐设施

摩尔多瓦历史博物馆和摩尔多瓦国家博物馆中珍藏着许多世界级文物，摩尔多瓦艺术博物馆内藏有1.3万多件摩尔多瓦、俄罗斯和西欧艺术家的作品。

摩尔多瓦特色纪念品有艺术绣品、玻璃制品、陶器、纪念币、做工精良的摩尔多瓦手工编织地毯、用树皮制作的工艺品和根雕艺术品、具有民族特色的茶具和酒具以及油画、素描、白银和琥珀制品。

摩尔多瓦有8个标准剧院，1 780个俱乐部。摩尔多瓦文化部下设1 925个合唱团、420个管弦乐队、247个民间音乐队、895个舞蹈团、29个民族剧团。基希讷乌的各个剧院均为游客准备了精彩的文艺节目。在摩尔多瓦歌舞剧院游客可以欣赏世界著名的芭蕾舞或歌剧，话剧院常年上演国内外著名的经典话剧，在管风琴音乐厅可以欣赏到国内外有名的管风琴演奏家的精湛表演，游客还可以去音乐厅欣赏古典音乐和现代流行音乐，也可以到马戏场观赏有趣的马戏表演。

（四）配套设施

为吸引更多外国游客，摩尔多瓦不断建设和完善与旅游业配套的基础性服务设施建设，除对原有的酒店、宾馆设施进行改造装修以外，还利用自有资金和外资建设了一批新的宾馆酒店。

由于投资的不断扩大，摩尔多瓦很快出现了一批星级旅游宾馆和酒店，并且以每年一座的速度在增长，其中比较知名和具有较高入住率的宾馆有：

丽笙列奥大酒店。它是于2012年建成的五星级豪华酒店，地处首都基希讷乌的中心地带，1 000米之内有大教堂、大教堂公园、凯旋门、斯特凡大公公园等景点。它共有143间不同级别客房、3间餐厅、3间酒吧，各类服务休闲设施齐备，提供免费自助早餐、免费WiFi。

咏叹调酒店。它是基希讷乌的一个四星级酒店，2016年起成为基希讷乌的标志。这个酒店以当代建筑风格为特色并成为现代化设施最全的酒店之一，距离机场仅20分钟车程。

基希讷乌共有44家酒店，排名靠前的还有阿龙酒店、城市公园酒店、诺贝尔豪华精品酒店、百花旅馆、月亮宾馆等等。

据不完全统计，摩尔多瓦整个旅游基础性服务设施由70家饭店（旅馆）、43个咖啡店和酒吧、3个博彩场、51个游泳池和桑拿室、76个体育场和健身房、46个电影院、52个停车场、52个洗车房和19个美容美发屋等组成。

❀ 二、存在的问题

不容置疑，旅游业在开始复苏的同时，还存在一些亟待解决的问题，这些问题包括：

（1）由于资金投入的不足和管理不到位，导致旅游景区缺乏必要的维护和修缮。许多旅游景区和景点景象较破败，难以对游客产生吸引力。

（2）旅游项目和旅游资源的对外宣传力度不够，使国家的旅游形象抽象模糊，世界上很多国家和地区对其国家旅游价值缺乏起码的认识和了解。

（3）可供选择的旅游线路不多，缺乏延伸到周边国家和地区的旅游路线，邻国间旅游合作项目不多。

（4）旅游服务理念滞后，特别是地方宾馆酒店硬件设施和服务水平同国际标准要求相差甚远。

（5）旅游服务从业人员鱼龙混杂，缺乏相关的技术培训和等级鉴别机制。

（6）签证制度不完善。

（7）由于部分旅游景点位于尼斯特鲁地区，领土纠纷问题对旅游业发展有一定负面影响。

❀ 三、前景展望

　　国家和政府对发展现代旅游业非常重视，并把振兴旅游业作为促进国民经济发展的重要举措。摩尔多瓦总统一再强调要办好特色旅游，以传统文化作为主线带动发展旅游业，大力开发具有民族特色的旅游项目。摩尔多瓦为此拟订了一系列文化及民俗旅游项目并付诸实施，收到了很好的效果。如自2002年定期举办以著名歌剧演员玛利亚·彼叶淑命名的"玛利亚·彼叶淑的邀请"国际歌剧会演，此项活动每年吸引大量游客来摩观演；在每年10月的第二个星期举办全国葡萄酒节，历时10天，其间外国旅游者可免签证入境。该葡萄酒节的举办同样吸引了大批外国游客和投资者，对提高国家旅游形象和开拓葡萄酒产品市场起到了很大促进作用。

　　2003年5月，摩尔多瓦制订"葡萄酒之路"国家旅游计划，该计划包括七条同葡萄酒有关的旅游线路，如参观葡萄种植和加工区，摩尔多瓦境内具有历史文化价值的景点，包括教堂、修道院、历史建筑遗址等，游客可通过以上活动品尝当地的酒类产品、了解民俗民风等。根据该计划，摩尔多瓦还将建设一座规模庞大的葡萄酒城，这是一个包括葡萄新品种的研发、育种、栽培，葡萄酒的生产、酿造和储藏等诸多内容的大型综合配套项目，颇具旅游开发价值。2003年9月，摩尔多瓦制定了《2003—2015年旅游发展战略》，根据该战略，国家将不仅从政策上，而且从财政上大力扶持旅游业的发展，鼓励和支持本国资金、外国投资积极参与旅游项目开发和建设，同时，进一步加强旅游方面的国际合作，以签署双边和多边协定，定期参加国际旅游博览会的方式促进旅游业的发展，为此，摩尔多瓦定期参加在乌克兰、俄罗斯、罗马尼亚、德国、西班牙等国举办的各种旅游专业展览会，在罗马尼亚、中国等国家举办摩葡萄酒文化节等。

　　中国相关旅游部门曾到摩尔多瓦进行过市场考察和调研，认为摩旅游市场对中国游客颇具吸引力。欧盟国家已被列入旅游目的线路。摩尔多瓦的邻国罗马尼亚和与罗相邻的保加利亚于2007年加入欧盟。这样，摩尔多瓦同其邻国连接成面，从而构成一条或几条途经几个国家的旅游路线（这种旅游形式是我国游客偏重的），这将可能激发中国旅游者来摩旅游的意愿。自2005年起摩尔多瓦连续在华举办葡萄酒文化节，大打文化牌，扩大影响力，提升旅游吸引力。

第五节　　交通运输业

苏联时期的摩尔多瓦基础设施较好，独立后，基础设施因缺乏维修、缺少新的投入而显得陈旧落后，阻碍了摩尔多瓦吸引外资。摩尔多瓦通过多方面筹集资金，加大了对铁路、公路、桥梁和港口的建设力度，但资金匮乏仍是制约其发展基础设施的主要障碍。

一、公路

截至 2014 年，摩尔多瓦公路总里程约为 16 800 千米，其中 3 666 千米为国道，其余为区道。67% 的国道和 75% 的区道处于损坏待维修状态。

二、铁路

铁路在全国的交通运输中占主导地位。摩尔多瓦 72% 的货物运输依靠铁路。截至 2014 年，全国铁路运营线总长 1 318 千米，年运出货物能力为 1 380 万吨，占外运货物运输量的 95%。客运列车平均时速只有 35~40 千米/小时，是欧洲少数没有实现铁路电气化的国家之一。若要加入欧盟，则亟须修建宽轨与标准轨兼用的铁路。

摩尔多瓦政府于 2013 年批准了《2013—2022 年交通与物流战略》，计划到 2022 年修建公路 7 000 多千米，另有 93% 的公路需要修复。

摩尔多瓦铁路局于 2012 年 7 月 28 日开通了从首都基希讷乌至奥克尼察的提速线路，运营首列是经过现代化改造的 D1M 系内燃动车组。该列车为 4 辆编组，分设一等、二等、三等座席，共载客 267 名，完成 283 千米的行程需 5 小时 15 分钟。升级包括安装空调和新的沃尔沃遍达公司 Tad1662VE 型发动机。

三、空运

摩尔多瓦于 1992 年 2 月组建国家航空公司并加入国际航空联盟。

2012年7月摩尔多瓦与欧盟正式签署了互相开放空域的协议，有飞往法兰克福、巴黎、伦敦、莫斯科、巴塞罗那、布达佩斯、迪拜、维也纳和布加勒斯特的国际航班。

2007年基希讷乌国际机场共运送乘客68.9万人次，同比增长25.6%。

✿ 四、水运

(一) 河运

摩尔多瓦主要有两条河流：普鲁特河和尼斯特鲁河。普鲁特河全长953千米，在摩尔多瓦境内716千米；尼斯特鲁河全长1 411千米，在摩尔多瓦境内640千米。内河航线全长1 356千米，全程实现航运，连接摩尔多瓦的许多城市和乡村。

(二) 海运

摩尔多瓦第一个，也是唯一一个出海港口——玖尔玖列什蒂港口于2007年年底基本建成。该港口位于摩尔多瓦南部，沿多瑙河经地中海。

1. 港口概况

1999年摩尔多瓦和乌克兰经过多年边境谈判达成协议，摩获得南部同乌克兰接壤处位于多瑙河支流的部分土地，2001年该边境划分协议经摩议会批准生效。此后，摩尔多瓦决定在新获得的多瑙河支流上一个叫玖尔玖列什蒂的地方建设一座港口，自2004年开始建设的玖尔玖列什蒂国际自由港（GIPF）是摩尔多瓦唯一的可以接受远洋船只的港口。它位于摩尔多瓦领土最南端，乌克兰和罗马尼亚之间，距离多瑙河出海口133.8千米(合72.2海里)。港口地理位置非常优越，首先是同欧盟国家罗马尼亚连接；其次，通过这个港口可以使货物直达传统国际贸易和运输路线，如连接黑海的莱茵河—美因河—多瑙河的水线、14个欧洲国家和北海，欧洲和俄罗斯的公路与铁路。在这样的背景下，该港口可以成为一个区域性的物流中心，在东欧南部区域经济中发挥自己独特的作用。

港口位于多瑙河下游深度为7米的有利水线位置，可以接受来自所有内河和远洋的船只，它实际上可以成为江海转运和摩尔多瓦共和国进出口货物的分配点，一个在欧洲可以连接公路、铁路、江、海等区域的物流中心。独特的战略位置，呈三角形的向四周扩散的运输路线（水运、公路、铁路），低价位的服务，特殊的关税制度，使该港口具备良好的发展前景。

2. 投资和运作

摩尔多瓦丹佑国际物流公司是玖尔玖列什蒂港口的综合投资和经营方。2004年12月丹佑国际物流公司与摩尔多瓦政府签订了玖尔玖列什蒂国际自由港建设的投资协议。该公司指派一个国际专业队伍进行运营管理，在玖尔玖列什蒂和摩尔多瓦共和国的首都基希讷乌设立了项目办公室。

3. 港口设施

（1）石油产品码头

石油产品码头位于多瑙河支流上，于2006年10月按欧洲标准建成。这是一个水深7米的码头，可以接受万吨级远洋油船，装卸港与自动输油站及输油管道直接连接，公路和铁路运输便利。公路运输网线以及俄罗斯标准和欧洲标准两套铁路系统，可以同时装卸3种不同类型的石油产品。总共储存容量为63 600立方米，分成8个4 200~12 600立方米不等的巨大存储罐。年最大装存容量超过200万吨。

（2）干货码头

干货码头包括一个用于装卸远洋船只的水深7米的码头，5个3~5米水位的用于装卸内河船只的码头。此外，还有6个水运码头、公路运输网络、俄罗斯标准和欧洲标准两套铁路系统。码头可以提供干货专用装卸设备，如用于装卸散货和集装箱的龙门吊。此外还包括：面积达5 600平方米的露天散货储存场；面积达2 700平方米的露天集装箱和混合货物储存场；总储存容量达45 000吨的谷物储存仓库；2 000平方米的封闭仓库。

4. 自由经济园区的地位

摩尔多瓦政府将玖尔玖列什蒂港口设定为一个自由经济园区，在该自由经济自由区内的境内外投资者享受一定的税收和关税优惠，以及低价位的服务，以便利用完备的基础设施（海运、陆运和铁路）开展同欧盟的经贸合作。

（1）允许经营活动范围

有别于其他经济自由区的主要目的是促进出口，在玖尔玖列什蒂港口注册的企业可以从事任何摩尔多瓦法律所允许的经营活动，在该自由经济区域内注册的企业没有最低投资资本金限制。

在一般情况下，允许国家相关部门对该自由经济区内企业实行每年1次的监察。

（2）税收制度

自2008年1月1日起摩尔多瓦企业所得税税率为0％，自由经济区内法人享受这一优惠待遇。从国外或摩尔多瓦其他地区进入该自由经济区的商品（服务）再出口免征增值税。该自由经济区内流动商品免征增值税。自摩尔多瓦其他地区输入（出）自由经济区的已缴纳增值税的商品（服务）享受退税制度。从国外或摩尔多瓦其他地区进入该自由经济区的商品（服务），自由经济区出口或输出到其外的商品（服务）免征消费税。在该自由经济区内注册的企业员工免缴社会保险基金。

（3）海关制度

产地为自由经济区的商品输出至摩尔多瓦其他地区或出口到关境以外免征海关关税，只缴纳海关手续费。自摩尔多瓦其他地区或关境外进入和进口到该自由经济区的商品免征海关关税，只缴纳海关手续费。

（4）客户服务

服务项目：石油产品、各种湿货和散货、集装箱、混合货物的装卸、储存、分拨及其他运输服务；船只代理服务，包括联络、拖船泊船、垃圾废物处理及船舶驾驶等。在自由港内为企业提供短期或长期的土地租赁服务以及水、电、天然气、道路、通信等服务，短期或长期的配套齐全的办公地租赁。为企业和个人提供在自由港内或在摩尔多瓦注册企业的相关法律咨询服务以及为企业提供公用事业管理服务，办公支援、招聘服务以及一般法律支援等。

玖尔玖列什蒂港口是摩尔多瓦第一个经内陆河的出海通道，它的建成使摩摆脱内陆国没有出海通道从而在国际贸易运输方面受制于人的局面，对于摩进一步扩大对外经贸合作具有重大意义。此外，玖尔玖列什蒂港口的自由经济区地位也使其对外资具有一定吸引力，同欧盟接壤的有利地理位置加上近年来欧盟给予摩尔多瓦的贸易特殊优待政策使该港口在未来具有良好的发展前景。

第六节　通信业

摩尔多瓦自独立以来，始终把发展信息产业作为国民经济发展的重点，21世纪初，在电信和信息传送领域取得了显著成绩。

❦ 一、固定业务

固定电话普及率约为21.7%，在首都达到约50%；1995年前以模拟电话为主，每年的固定电话用户以2倍速度增长，其中数字电话增长迅速，21世纪初已达固定电话的50%以上，但电话的普及在城乡间存在很大差距，农村电话普及率很低。

❦ 二、移动业务

移动通信业务是摩尔多瓦电信业发展最为迅速的领域，21世纪初移动电话用户约有85万，占全国人口的约25%。摩尔多瓦有两家移动电话业务运营商，服务区域覆盖摩全国领土面积的约80%。

2009年9月，摩尔多瓦是世界上推出手机高清晰度语音服务（高清语音）的第一个国家，也是第一个在欧洲推出14.4 Mbit/s的国家。在全国范围内，有超过40%的移动宽频人口覆盖率。在2012年6月6日，政府批准下发4G网络运营执照。

❦ 三、IT业

IT业在摩尔多瓦的发展最为迅速，每年几乎以100%以上的速度递增。21世纪初因特网服务业务占整个摩尔多瓦电信服务业务的市场份额约为10%，因特网用户超过10万户，其中宽带用户约有2万。

第七节　　对外贸易

摩尔多瓦于 2001 年 7 月正式成为 WTO 的第 142 个成员。自 1991 年独立以来，摩尔多瓦启动了雄心勃勃的改革计划，旨在实现中央计划经济向完全市场经济的模式转变，并恢复宏观经济的稳定。目前，摩尔多瓦已经在很大程度上实现了创建外向型经济的目标，较好地融入了世界经济。由于入世承诺及加入欧盟目标的带动，摩尔多瓦的贸易和投资自由化已成为一大特色。摩尔多瓦背靠独联体、面向欧盟，拥有发展对外贸易的区位优势。

一、经贸管理部门

（一）经济部

摩尔多瓦负责贸易政策制定和评估的机构是经济部，经济部负责制定和评估贸易政策，配合其他部委和相关贸易机构开展工作。经济部同时也负责 WTO 相关事宜、区域贸易协定的谈判和实施事宜，以及促进贸易和投资的相关事宜。经济部在制定贸易政策（包括关于区域贸易协定的谈判简报）时要与私营部门进行协商。此外，摩尔多瓦融入世界经济的努力还表现在取消从苏联时期继承而来的限制性的贸易体制，以及加入、参与或遵守各类多边、区域性和双边贸易倡议，摩尔多瓦对其所有贸易伙伴至少是授予最惠国待遇。

与其他中东欧国家类似，摩尔多瓦的经济和贸易政策方向深受加入欧盟理念的带动。摩尔多瓦计划于 2020 年完全成为欧盟成员国。2014 年 6 月，摩尔多瓦与欧盟签署了联合协议，主要涉及签证自由化、增加政治合作以及深入全面的自由贸易区。

（二）投资局

摩尔多瓦政府希望通过扩大投资和对潜在的投资者给以鼓励来推动经济和社会的改革，国家投资管理局正是以此为目的建立的。设立投资局是为了确保国家机构和有关各方面监督投资计划的实施情况。

1997 年 12 月 8 日关于建立国家投资管理局的第 1 172 号政府决议

对该局的地位、行动准则和其他重要条例做了说明，并附有投资局的规章。规章规定：投资局是一个常设的国家非商业性协调和评定机构，投资局是一个法律实体，有其自己的资产负债表、银行账号和其他必备工作条件。

1. 投资局的职能

（1）在与中央专门机构和地方政府当局的合作中制定并完善国家投资政策。

（2）完善国家关于吸引和利用国内外投资的计划。

（3）在与国际金融组织和投资机构合作的领域中协调中央专门机构和地方政府当局的活动。

（4）树立摩尔多瓦共和国在国际上的良好形象。

（5）根据国家经济政策的重点并考虑地方的特殊情况对国际金融组织和投资机构提供信用贷款的投资计划进行分析，建议立项并将其提交到吸引投资和与国际金融组织合作国家委员会，以便让摩尔多瓦共和国政府对其做进一步的审查以及做出是否采纳的结论。

（6）对于国际金融组织和投资机构提供给摩尔多瓦共和国的贷款资助的投资计划和上述组织提供的双边或多边技术援助方案，投资局要对其制定和实施情况进行协调。

（7）对国际金融组织和投资机构的战略以及与之合作的结果进行分析并据此就摩尔多瓦一方在合作中的立场以及如何使此类合作更为有效的问题提出建议。

（8）申明摩尔多瓦共和国在与国际金融组织和投资机构的合作中在某些问题上的立场。

（9）从本国需要出发，研究国际金融组织和投资的活动，在摩尔多瓦发布有关这些组织的信息时，对与上述组织合作的前景提出建议。

（10）吸引国内外资金参与私有化进程。

（11）在由国家担保律师递交的外债申请送呈摩尔多瓦政府批准通过前，对其进行初步审查。

（12）对于由部长和各部门提出的所有投资计划，凡涉及政府股份等于或超过法定股本50％的企业，在该计划提交摩尔多瓦政府正式通过前，投资局要进行强制审查。

（13）检查国民经济重点部门的投资利用和计划实施情况。

（14）对有关投资计划的提议进行评定。

2. 投资局的权力

（1）与国际金融组织和投资机构的代理机构合作。

（2）根据现行法规，向政府机关、决策人、各机构和组织要求并获得所有必需的信息。

（3）投资局做出的决议经吸引外资和与国际金融组织合作国家委员会的批准后，上述委员会的所有成员和其下属单位、组织必须执行。

（4）对在摩尔多瓦共和国境内经营的外资企业通过评定的方式给予支持。

（5）从投资方得到技术和物质援助，利用援助使投资局的工作更为有效。

3. 投资局的主要日常工作

（1）与潜在投资者洽商投资机会。

（2）协助摩尔多瓦共和国政府确认适当的投资计划。

（3）对外国投资申请是否符合国家法律要求和政策目标进行审查。

（4）为外国投资者与摩尔多瓦共和国各有关当局的交往提供帮助。

（5）向政府和国会提出有关法律、法规、行政诉讼和程序的建议，以改善摩尔多瓦的投资环境。

（6）以劝解方式帮助和消除外国投资者与地方当局的纠纷。

（7）促进国际金融组织和投资机构与摩尔多瓦国家银行的合作。

（8）就外国投资者资金在摩尔多瓦共和国境内的有效分配同外国投资者进行磋商并提供必要的信息。

（9）制定旨在刺激出口和吸引外资的新法律。

4. 外国投资者在摩尔多瓦可以从事的经济活动

（1）建立企业及分支机构和公司。企业可以是与个体合资，也可以是与摩尔多瓦共和国法律实体合资的企业，还可以是100％的外资企业。

（2）根据摩尔多瓦共和国法律，可以购买成为外国投资者财产的房屋和其他商品。

（3）可以通过直接投资和有价证券两种投资方式购买企业。

（4）以银行资本进行投资。

（5）在摩尔多瓦证券交易所进行交易。

（6）办理银行专项存款。

（7）购买财产所有权和非财产所有权，包括租借权、特许权和知识（工业）产权。

（8）参与私有化过程。

5. 目前摩尔多瓦重点招商引资的经济部门和行业

（1）农业，特别是农产品的收获、贮藏和加工行业，动力工程。

（2）酿酒业。

（3）烟草业。

（4）建筑材料业。

（5）建筑和运输基础设施。

（6）医药。

❧ 二、摩尔多瓦工商会

1991年起摩尔多瓦工商会成为一个独立的民间机构，拥有法人地位，并得到国家支持。其主要目标是在摩尔多瓦建立一个良好的贸易环境，在社会上创建群体商贸氛围，在同其他公众利益的组织、外国工商会和国际组织发展相互关系中代表自己会员的利益。

（一）主要任务

工商会的主要任务是为企业的经营活动提供服务，如贸易咨询、为企业间合作牵线搭桥、吸引外资、组织企业参展及赴国内外进行商业考察及贸易访问、提供有关法律咨询服务等；为政府提供有关在改善经济和贸易环境方面的建议，组织企业间的会见会谈，参与与摩尔多瓦企业利益相关的法律的制定工作，开展与国外相关组织的合作；进行干部培训；授权办理货物原产地证明以及其他从事外贸业务所需的文件；在工业和贸易领域进行鉴定活动并对货物质量和数量进行监督。

工商会的使命是推动国内外条件下的工贸发展，在同国家其他公众利益部门、外国专业组织发展相互关系中为摩尔多瓦经济主体提供协助；促进开展各种形式的经营活动并体现民族经济部门和国家具体地区的经济主体的所有利益；参与同企业家利益相关的各种法规以及那些旨在消除在市场经济中未被公共权利规则所认可的各种障碍和限制的法规的制定工作；协调企业活动主体间的联系以及它们同国家机关之间的合作；为企业家提供必要的信息和咨询服务；促进对外经济活动的开展以及产品、劳务和服务的出口；建立合乎市场道德规范的、保障会员经营信誉和可靠性的法律法规，消除不正当的竞争和买卖关系；在国际市场创立摩尔多瓦共和国的品牌。

（二）工商会的基本职能

工商会的基本职能是促进开展各种形式的经营活动并体现民族经济部门和国家具体地区的经济主体的所有利益，具体如下：

（1）市场咨询。

（2）创建企业间合作关系。

（3）吸引外国投资。

（4）组织各种展览会、庆典、商务旅行和访问。

（5）提供摩尔多瓦法律咨询。

（6）在同摩尔多瓦国家政府和地方政府合作中代表和保护工商者的利益：

①向公共利益管理部门提出完善同企业经营活动有关的经济和法律条件方面的意见和建议。

②组织商会会员间和其他商界代表间的圆桌会议与专题会议。

③参与同企业家利益相关的法律法规的制定。

④同摩尔多瓦和其他外国同业组织间的合作。

（三）工商会拥有的公共权利

（1）出具和确认与对外贸易有关的相关文件。

（2）出具工贸产品质量和数量检验证书。

（3）组织商界职业培训和提高专业水准：

①组织以现代教学方式进行的企业家职业教育。

②组织各种研讨会、座谈会等。

❀ 三、主要进出口数据

（一）贸易额

2008年摩尔多瓦对外贸易总额为65亿美元，其中出口额为16亿美元，同比增长19%；进口额为49亿美元，同比增长32.8%，外贸逆差为33亿美元。对欧盟出口额为8亿美元，同比增长20.7%，占出口总额的51.4%；对独联体国家出口6亿美元，同比增长14.1%，占出口总额的39.3%；对其他国家出口1.4亿美元，同比增长33%，占出口总额的9.3%。从欧盟国家进口21亿美元，同比增长25.2%，占进口总额的43%；从独联体国家进口17亿美元，同比增长30%，占进口总额的35.5%；从其他国家进口10亿美元，同比增长56%，占进口总额的21%。

2011年摩尔多瓦出口总量为22.216亿美元，同比增长44.1%，其中，向欧盟27国出口10.878亿美元，同比增长49.2%，占出口总额的49%；向独联体国家出口9.193亿美元，同比增长47.3%，占出口总额的41.4%。2011年进口总量为51.916亿美元，同比增长34.7%，其中，从欧盟27国进口22.566亿美元，同比增长32.4%，占进口总额的43.5%；从独联体国家进口17.134亿美元，同比增长36.3%，占进口总额的33%。

据摩尔多瓦国家统计局对外公布的统计数据，2015年，摩对外出口总值为19.969亿美元，同比下降15.9%；其中，本国产品出口13.04亿美元，同比下降14.8%，加工贸易产品出口6.629亿美元，同比下降18.2%。本国产品和加工贸易产品出口在总出口中占比分别为66.3%和33.7%。

（二）商品种类

主要出口商品：纺织面料及其制品、食品、饮料、酒类、烟草、蔬菜、机械、仪器、电子设备、音像放录器材、禽畜及其产品、非贵重金属及其制品、矿产品、食用油、石料、石膏、水泥、陶瓷及玻璃制品、鞋帽等。

主要进口商品：矿产品、机械、仪器、电子设备、音像放录器材、化学制品、交通工具、非贵重金属及其制品、食品、饮料、酒类、烟草、纺织面料及其产品、塑料、橡胶及其制品、蔬菜、石料、石膏、水泥、陶瓷及玻璃制品、纸及纸板等。

据摩尔多瓦国家能源管理局对外公布的数据，2015年，摩尔多瓦进口成品油72.25万吨，同比增长13.5%；其中，进口柴油48.76万吨，同比增加19.3%；汽油16.07万吨，同比增加7.0%；液化气7.43万吨，同比减少4.1%。罗马尼亚是摩尔多瓦2015年进口柴油、汽油的最大卖家，对摩供应柴油、汽油分别占其总进口量的71.5%和92.5%，而俄罗斯、罗马尼亚和哈萨克斯坦对摩尔多瓦出口液化气在其总进口量中占比分别为46.7%、26.9%、24.1%。

（三）主要贸易伙伴

前十名贸易伙伴：俄罗斯、罗马尼亚、乌克兰、德国、意大利、白俄罗斯、美国、法国、奥地利和土耳其。

主要投资国：俄罗斯、西班牙、德国、美国、意大利、法国、土耳其和罗马尼亚等。利用外资约7亿美元（截至2002年年底）。外汇储备为2.5亿美元（截至2002年年底）。外债为9.78亿美元（截至2002年年底）。

2015年摩尔多瓦共有总计2.285 2亿美元的海外投资。摩尔多瓦与俄罗斯的关系十分紧密，俄罗斯是摩尔多瓦最重要的农产品出口市场，双方贸易最紧密时期，摩尔多瓦近80%的农产品都销往俄罗斯。摩尔多瓦有80万人，近全国1/4的人口在俄罗斯工作过，这同样是摩尔多瓦重要的经济支柱。即便是现在，也有50万摩尔多瓦公民在俄罗斯工作。目前摩尔多瓦欠俄罗斯的进口天然气债款超过40亿美元。

2014年6月摩尔多瓦与欧盟签署联系国协定，协定同时包括建立深度全面的自贸区的内容。按照协定，摩尔多瓦应对欧洲商品完全开放市场。开放摩尔多瓦市场导致进出口严重失衡。摩尔多瓦丧失了50%的出口额。2015年摩尔多瓦50%的商品都销往欧盟国家，其中最大的出口国是罗马尼亚。

摩尔多瓦议会批准协定后，俄罗斯想杜绝欧盟产品经摩尔多瓦再出口，于是对一些类别的摩尔多瓦产品实施了临时禁令。

❀ 四、海关关税

根据《摩尔多瓦共和国海关法》，摩尔多瓦国家海关检查总署和各海关构成维护国家海关法律的统一体系。海关内部机构的设置、改组和撤销由国家海关检查总署直接完成。海关的职能有：保证遵守海关法律；制定海关税收机制，保证执行商品进出口许可证制度，监督缴纳海关关税及其他税收；负责海关检查，办理海关文件；打击走私，配合打击国际恐怖活动；提出海关报告及海关统计资料；协助发展对外经贸联系。

海关税收包括进口海关关税（从 0 ~ 15% 不等）、进口增值税（20%）、进口海关手续费。对某些本国和进口产品征收不同税率的消费税，这些产品主要有：咖啡豆、鱼子酱、酒类、烟草、汽油、柴油等。

2004 年摩尔多瓦调整了关税税率，调整后新的平均关税税率为 6.5%，调整后的加权平均关税税率为 4.55%。如按修改后的税率计算，摩尔多瓦农产品的进口关税为 10%，而工业品进口关税为 4%。有关国际金融组织所做的评估显示，在欧洲地区，摩尔多瓦平均关税税率是较低的，只有 6.5%，而俄罗斯为 12%，乌克兰为 10%，罗马尼亚为 16%。

2006 年摩尔多瓦已获得欧盟特殊普惠制（GSP+），其 80% 的商品享受免关税进入欧盟市场的待遇，与独联体主要国家实行自由贸易，与东南欧国家签订了自由贸易协定。适用于 WTO 成员产品的关税税率大部分在 0~15%。同独联体国家的进出口贸易商品免征关税，同《东南欧稳定公约》签署国之间进出口商品免征关税。除个别商品给予关税减免待遇外，欧盟对进口的摩尔多瓦商品大部分免征关税，但产品所包含的本国生产要素（劳动力除外）必须在 40% 以上。

2014 年 6 月，摩尔多瓦与欧盟签署联系国协定，协定同时包括建立深度全面的自贸区的内容。该协定允许摩尔多瓦生产的产品免税出口到欧盟。

目前在摩尔多瓦开展对外经贸活动的条件更为便利，投资环境日趋改善。

❀ 五、中摩贸易

中国同摩尔多瓦虽相距遥远，但两国友好合作拥有深厚的社会基础。建交 20 余年来，中摩两国领导人保持密切交往，双方在彼此关切的重大问题上相互支持，在地区和国际事务中保持良好合作。中摩加强友好合作有效维护了双方共同利益，也为促进地区和平稳定做出重要贡献。两国经贸合作持续发展。1992 年中摩建交时双边贸易额仅为 6 万多美元，2015 年增至 3.75 亿美元。两国投资合作潜力巨大，摩尔多瓦在公路、铁路、机场等交通基础设施建设方面亟须吸引外资，发展有机农业、太阳能等可再生能源产业的条件得天独厚。

目前，中国与摩尔多瓦经济发展势头总体良好，但是经济合作的质与量上都属于小规模。1999年8月，中摩经济贸易合作委员会在摩尔多瓦首都基希讷乌成立。双方签署了《中摩经济贸易合作委员会工作条例》，定期举行会议。2014年，中摩贸易总额为1.4亿美元，同比增长6%。其中，我国从摩进口额为2 480万美元，同比增长27.3%。

摩尔多瓦是独联体自由贸易区成员中唯一与欧盟签署自由贸易协定的国家，货物和服务可便捷进入独联体和欧盟市场。2014年12月4日，《中华人民共和国商务部与摩尔多瓦共和国经济部关于在中摩政府间经贸合作委员会框架内加强共建丝绸之路经济带合作的谅解备忘录》正式签署。

2014年12月，摩尔多瓦铁路总公司与中国航空技术国际控股有限公司（简称中航国际）签署了关于参与摩铁路基础设施建设等项目的合作文件，对首都跑道进行改建并完善排水、照明等附属设施。此外，中国对摩尔多瓦开展大棚种植、食品加工、农用机械、交通基础设施和新能源产业具有较大优势，尤其是摩尔多瓦与欧盟签署深度广泛自由贸易协定以后，中国在出口导向型产业投资方面的地位快速提升。

摩尔多瓦拥有5 000多年的葡萄种植历史，葡萄酒文化独具魅力，面对中国这个世界葡萄酒消费大国，摩尔多瓦强烈希望开拓中国市场。2005年至今，在中方积极协助下，摩尔多瓦在华多次举办葡萄酒节，向中国消费者推荐质优价廉的葡萄酒产品，宣传葡萄酒文化。在双方共同努力下，摩尔多瓦葡萄酒在中国消费者中的知名度和市场占有率显著提升。2015年摩尔多瓦葡萄酒对华出口同比增长23.12%。

1. 中摩意向合作项目

（1）在摩尔多瓦合作生产豆制品；

（2）在摩尔多瓦建立蔬菜和水果保鲜库。

2. 我国在摩经济实体

摩尔多瓦的中资企业数量不多，经营范围单一，主要有中医诊所和贸易公司。

3. 中摩经济合作主要障碍

（1）摩尔多瓦经济规模和市场容量小，且中摩两国商品结构互补性较弱，相互供货余地不大。

（2）两国相距遥远，交通不便，运输条件较差，由于摩尔多瓦无海港，两国间未通直航，我国出口至摩尔多瓦的商品只能经其邻国乌克兰的敖德萨港和罗马尼亚的康斯坦察港中转，造成货运成本提高。

（3）摩尔多瓦投资环境欠佳，突出表现在政策法规易变，资源和能源匮乏等方面。

（4）两国企业相互了解甚少，建立直接联系的渠道不畅。

4. 中摩签署主要文件

（1）两国政府经济贸易协定（1992年1月18日）；

（2）关于鼓励和相互保护投资协定（1992年11月6日）；

（3）两国政府文化合作协定（1992年11月6日）；

（4）两国政府关于互免团体旅游签证的协定（1992年11月7日）；

（5）两国政府科学技术合作协定（1992年11月7日）；

（6）中国向摩提供3 000万元人民币商品贷款协定（1992年）；

（7）两国政府间经贸合作委员会条例（1999年8月）；

（8）两国政府农业科技领域合作协定（1999年）；

（9）中国向摩提供300万元人民币无偿援助的换文（1999年）；

（10）两国政府关于继续加强21世纪全面合作联合声明（2000年6月7日）；

（11）关于避免双重征税及防止偷税协议（2000年6月7日）；

（12）摩工商会和中国贸促会合作协议（2000年6月7日）；

（13）两国政府民用航空运输合作协定（2000年6月7日）；

（14）两国政府卫生和医学科学合作协定（2000年6月7日）；

（15）两国政府关于植物检疫合作协定（2000年6月7日）；

（16）两国政府关于动物检疫及动物卫生的合作协定（2000年6月7日）；

（17）中国政府向摩提供2 000吨粮食无偿援助的换文（2000年10月）。

5. 摩尔多瓦与"一带一路"

摩尔多瓦处于乌克兰与罗马尼亚中间，是从亚洲通向欧洲陆路的通道上位于"十字路口"的国家。横向上，摩尔多瓦将俄罗斯与中东欧国家连接起来；纵向上，摩尔多瓦连接亚洲和西欧、北欧国家，是"丝绸之路经济带"经由中亚—伊朗—土耳其—俄罗斯—欧洲通道中，土耳其的伊斯坦布尔—阿塞拜疆—罗马尼亚—乌克兰—莫斯科的必经之国。它在地缘战略以及陆上交通方面十分重要，可以作为中国与欧洲之间经贸关系的一个通道与桥梁，也是中国与中东欧国家区域合作的对象之一。

中摩两国之间原有的经贸关系对"一带一路"倡议的实施是很好的铺垫，而两国之间的文化交流对中国文化传播具有重要意义。加上两国不存在边界纠纷、历史认知等障碍，这些都为"一带一路"倡议的实施提供了良好的前提条件。

"一带一路"建设为两国加强各领域务实合作提供了新平台、新契机。摩尔多瓦积极响应"一带一路"倡议并将加强基础设施建设、实现出口市场多元化和能源自给列为国家发展战略的优先方向。中国巨大的消费市场为摩尔多瓦扩大产品出口提供了广阔空间；中国积极推进"走出去"战略，鼓励本国有实力、信誉好的企业赴海外投资兴业。两国发展需求高度契合。

摩尔多瓦首都基希讷乌"五支步枪"烈士纪念碑　　（本图片由宿彦文提供）

参考文献

[1] 中华人民共和国国家旅游局. 一带一路旅游概览. 北京:中国旅游出版社,2015.

[2] 中华人民共和国外交部政策规划司. 中国外交. 上海:世界知识出版社, 2010—2015.

[3] 世界知识出版社. 世界知识年鉴. 上海:世界知识出版社, 2013—2015.

[4] 普罗霍罗夫. 苏联百科词典. 北京:中国大百科全书出版社,1986.

[5] 世界历史词典编委会. 世界历史词典. 上海:上海辞书出版社, 1985.

[6] 戴桂菊. 俄罗斯文化. 北京:外语教学与研究出版社,2010.

[7] 顾志红. 摩尔多瓦. 北京:社会科学文献出版社,2004.

[8] 洪宇. 简明俄国史. 上海:上海外语教育出版社,1987.

[9] 朱雷斯库. 统一的罗马尼亚民族国家的形成. 陆象淦,译. 北京:人民出版社,1978.

[10] 李毅夫,赵锦元. 世界民族大辞典. 长春:吉林文史出版社,1994.

[11] 陆南泉. 独联体国家向市场经济过渡研究. 北京:中共中央党校出版社,1995.

[12] 康斯坦丁内斯库,等. 罗马尼亚通史简编. 陆象淦,王敏生,译. 北京:商务印书馆,1976.

[13] 竹风. 中国大百科全书(宗教分册). 北京:中国大百科全书出版社,1988.

[14] 奥采特亚. 罗马尼亚人民史. 徐文德,等,译. 北京:商务印书馆, 1981.

[15] 王春良. 新编世界现代史. 北京:东方出版社,1989.

[16] 王友才. 战后世界政治经济与国际关系. 哈尔滨:哈尔滨人民出版社,1987.

[17] 张建华. 俄国史. 北京:人民出版社,2004.

[18] 卡茨. 苏联主要民族手册. 费孝通,等,译. 北京:人民出版社, 1992.

[19] 金文敏. 云雀. 香港:中国国际文化艺术出版社,2013.

[20] Всемирная история: Энциклопедия. : Издательство социально-экономической литературы, 1958.

[21] История Республики Молдова. С древнейших времён до наших дней. изд. 2- е, переработанное и дополненное. Кишинёв: Elan Poligraf, 2002 : 360.

[22] Молдавская Советская Социалистическая Республика Кишинёв Главная редакция Молдавской Советской Энциклопедиц 1979.

[23] Молдовы и Приднестровья. Молдавия. Современные тенденции развития. М: Российская политическая энциклопедия,2004.

[24] БЕВЗА Г. Г. Водные ресурсы — национальное достояние. Кишинёв: Штиинца, 1983.

[25] ДИАКОНОВА Л В Итоги переписи населения в Приднестровской Молдавской Республике. Экономика Приднестровья.№ 8,2006.

[26] КОРЫТНИК Н. Ф. Бендеры. Кишинёв: Тимпул,1998: 124.

[27] КРИВЕНКО А . В . Комплексная экономико - географическая характеристика города (на примере г. Тирасполя). Тирасполь : НИЛ « Региональные исследования » , 2001.

[28] КУЗНЕЦОВ С. А. Валахи // Большой толковый словарь русского языка.1-е изд. СПб.: Норинт,1998.

[29] МАТВЕЕВ В. Сага о Боге-Быке. Кишинёв:Кишнэу,2014.

[30] МОХОВ Н. А. Формирование молдавского народа и образование Молдавского государства. Кишинёв.1959.

[31] МОХОВ Н. А. Молдавия эпохи феодализма.Кишинёв: Картя Молдовеняскэ, 1964.

[32] ПОЛУШИН В. Тирасполь на грани столетий. Книга вторая.

Тирасполь: Лада, 1996.

[33] РЫМБУН. Л., МЫТКУ М. А., СЕКАР В. М. География Молдавской ССР. Кишинёв: Лумина, 1989.

[34] СТАТИ В. История Молдовы. Кишинёв: Tipografia Centrală, 2002:56,57.

[35] СТАТИ В. Свет истины православной. Независимая Молдова, 2003.

[36] СТАТИ В. Штефан Великий, Господарь Молдовы. Кишинёв: F. E.-P. «Tipografia Centrală», 2004.

[37] КАНТЕР Д. Описание Молдавии. Кишинёв, 1973.

[38] ФОРТУНА А. В. Республика Молдова: Особенности внешней политики. Политическая наука. 2006. № 2. С. 95-111.

[39] ЧАДЫР-ЛУНГА Город, где работают проекты. Moldova urbană. 2006, № 6-7. 19.

[40] Госстатслужба ПМР: Социально - экономическое развитие ПМР за 2013 год.

[41] Численность постоянного населения Республики Молдова на 1 января 2016 года в территориальном разрезе по полу и возрасту /Национальное бюро статистики Республики Молдова Пресс-релиз. — Кишинёв, 07.04.2016.

[42] Рекорды летнего сезона 2012 года. Государственная гидрометеорологическая служба Молдавии.